교사의 단호한 말하기

교사의

단호한 말하기

정지인 지음

들어가며

버티는 교사의 오늘

최근 학교 환경의 급격한 변화로 교사가 지도할 수 있는 범위가 위축되고 있습니다. 학생 행동 양식의 변화, 학부모 민원, 제도적 압박이 복합적으로 작용하는 상황에서, 교사들은 교육 외적인 부분에 큰 에너지를 쏟으며 힘겹게 버티는 중입니다.

학생들에게 교사의 지도는 이제 당연하게 받아들여야 할 규범이 아닙니다. 타인을 향한 배려보다는 개인의 권리를, 공동체의 약속보다는 나의 자유가 우선시되는 흐름에서 교실 질서는 갈 곳을 잃습니다.

여기에 학부모까지 나서서 자녀의 권리를 최우선으로 주장하며, 수업과 생활지도에 대한 요구를 가감 없이 전달합니다. 교사의 전문적인 판단조차 검증의 대상이 되면서 학급 운영은 불안정해지고 교사의 심적 부담이 깊어집니다. 특히 제도적 압박은 교사를 가장 위태롭게 만듭니다. 아동

인권을 보호하기 위한 제도가 무분별하게 인용되면서, 합당한 생활지도를 해도 교사에게 법적 책임을 묻는 지경입니다. 이러한 현실은 교사의 교육 의지를 극도로 위축시킵니다.

이러한 환경을 바꾸려면 제도적 개선이 시급하지만, 그 변화에는 긴 시간이 걸립니다. 그동안에도 우리는 매일 교실로 출근해야 하기에, 스스로를 지키며 교육을 이어 갈 실질적인 방법이 함께 필요합니다. 그래서 이런 질문과 씨름하며 방법을 찾고 있는 것이겠지요.

> "수업과 학급을 안정적으로 운영하려면 어떻게 해야 할까?"
> "아이들이 공동의 약속을 이해하고 스스로 따르게 하려면 어떻게 해야 할까?"
> "수많은 민원과 압박 속에서 교권을 지키며 정당한 지도를 하려면 어떻게 해야 할까?"

저는 이런 고민에 대한 해답으로 '단호함'을 제시합니다. 단호함은 교사를 보호하고, 교실을 다시 세우는 시작점이 될 것입니다.

새 학기를 앞두고
정지인

차례

3장 자기 논리로 무장한 학생

4장 또래 시선에 갇힌 학생

1

버티는 교사에서 이끄는 교사로

"단호하게 지도하세요." 수많은 교육서와 연수에서 강조하지만, 정작 현장의 교사들에게 이 말은 막연합니다. 무엇이 진짜 단호한 지도인지, 혹여 학생과의 관계를 망치는 건 아닐지 고민하며 시행착오를 겪고 있는 것이 현실입니다.

이러한 막막함을 해소하려면 가장 먼저 단호함의 개념을 구체적으로 정립해야 합니다. 단호함이 무엇인지 명확히 이해하고 이것이 교육 현장에서 어떤 의미를 갖는지 스스로 납득할 때, 어떤 상황에서도 흔들리지 않는 일관성 있는 지도가 시작될 수 있습니다.

따라서 여기서는 본격적인 사례를 접하기 전, 이러한 확신의 근거가 될 이론적인 토대를 다룹니다. 단호함의 정의와 이를 가로막는 심리적 오해를 바로잡는 것부터 시작하여, 메시지에 힘을 더하는 비(반)언어적 신호, 그리고 신뢰와 강화의 원리까지 살펴봅니다. 특히 고학년 발달 특성을 고려할 때, 왜 이 시기에 더욱 전략적인 단호함이 필요한지도 함께 짚어 봅니다.

❶ 이끄는 교사의 단호함

교실을 바로 세우는 시작점으로 '단호함'을 꼽은 이유는 명확합니다. 그동안 쓰였던 친절과 설득만으로는 학생의 행동을 일관되게 이끌기 어렵기 때문입니다. 오히려 교사가 학생의 입장을 지나치게 배려하거나 반복해서 양보하면 문제가 발생합니다. 학생들은 교사의 호의를 당연한 것으로 받아들이고, 심지어 이를 자신의 영향력으로 착각하기까지 합니다. 더 큰 문제는 교사의 따뜻한 배려를 '정서적 권리'로 오해하는 점입니다. 교사가 자신의 잘못에 대해 한 마디만 해도, 학생들은 곧바로 상처받았다거나 억울하다며 호소합니다. 정당한 지도조차 감정적 폭력으로 받아들이는 것이지요.

학생들은 아직 관계의 경계와 감정의 균형을 배우는 과정에 있습니다. 타인의 의도나 맥락을 읽는 데도 미숙합니다. 그렇기에 교사의 '선한 마음'만으로는 교실을 안정적으로 유지할 수 없습니다. 이제 교사에게는 학생들의 발달 특성을 이해하되, 교사 자신을 지켜 줄 단호한 울타리가 필요합니다.

단호함이란 교사가 명확한 기준을 세우고, 학생이 이를

이해하여 자기가 선택한 결과까지 받아들이도록 돕는 힘입니다. 즉 현재 교실에서 교사가 학생을 지도하고 학급을 안정적으로 운영하며 자신의 판단을 타당하게 만드는 전략적 힘이라고 할 수 있습니다.

단호함을 발휘하기 위해 가장 먼저 필요한 것은 명확한 기준입니다. 학생의 행동에 교사가 허용할 수 있는 범위를 정확하게 정해야 합니다. 여기서 '정확하게'란 구체적이고 객관적인 기준을 말합니다. 기준이 분명해야 즉각적이고 일관된 지도가 가능하며, 학생 또한 교사의 지도를 혼란스럽게 받아들이지 않고, 자기 행동의 한계를 자연스럽게 이해하게 됩니다.

그다음으로 침착함이 뒤따라야 합니다. 분노, 짜증, 당황과 같은 감정을 드러내면 학생은 지도 내용보다 교사의 감정에 반응하게 되고, '지금 선생님의 기분이 안 좋아서 우리를 혼낸다'는 생각에 지도 효과가 약해집니다. 지도할 때는 감정을 배제하고 사실 중심으로 지도해야 합니다. 이때 목소리, 표정, 시선 같은 비언어적 신호를 활용하면 학생이 지도에 집중하는 효과가 있고, 교사는 불필요한 에너지 소모 없이 권위를 유지할 수 있습니다.

단호함은 한 번의 말이나 행동으로 완성되지 않습니다. 교사가 세운 기준이 학생의 실제 행동에 반영되기까지는 끈기가 필요합니다. 반복적으로 같은 기준을 강조하고, 같은 방식으로 지도하면서 변화를 기다려야 합니다. 일관된 경험이 쌓이다 보면 학생은 교사의 기준에 적응하는 단계를 지나, 지도 과정에서 일어나는 긍정적인 변화를 체감하기 시작합니다. 이때 느끼는 유능감이 내면의 성취감으로 자리 잡고, 이것이 스스로 행동을 조절하는 힘이 됩니다. 결국 명확한 기준을 침착하게 끝까지 밀고 나가는 끈기가 단호함의 핵심입니다.

❷ 단호함을 가로막는 심리적 장벽과 오해

단호함이 필요하다는 데는 공감하지만, 실천을 망설이는 경우가 있습니다. 단호함을 둘러싼 오해가 있기 때문입니다. 이제 교사를 주저하게 만든 4가지 오해를 깨고 단호함의 본질을 명확히 정의해 봅시다.

(1) 단호함 ≠ 무섭게 하기

'무섭게 하기'와 '단호함'은 겉모습만 비슷할 뿐, 작동 원리는 전혀 다릅니다. 무섭게 한다는 것은 교사가 감정 표현을 강하게 하여 학생이 행동을 멈추게 하는 것입니다. 교사가 화를 내거나 목소리를 높이면 학생은 지도 내용이 아니라 교사의 감정을 먼저 읽습니다. 그래서 교사가 화내는 순간 행동을 멈추긴 해도, 왜 멈춰야 했는지 이해하지 못한 채 위축되거나 불안해집니다.

단호한 교사는 감정이 아니라 명확한 기준을 근거로 행동합니다. 기준이 분명하면 해야 할 일과 하지 말아야 할 일이 구체적으로 나와 있으니 학생도 자신의 행동을 쉽게 선택할 수 있고, 선택한 결과에 책임지는 연습도 자연스럽게 이루어집니다.

(2) 단호함 ≠ 학생과 멀어지기

단호하게 지도하면 학생이 자신을 멀리할까 봐 걱정하는 경우가 많습니다. 하지만 실제 교실에서는 반대의 일이 더 자주 일어납니다. 학생은, 감정이 풍부하지만 예측 불가능한 어른보다, 감정이 없어 보여도 예측 가능한 어른에게 더 큰 신뢰를 보입니다.

물론 초기에는 감정 없이 대하는 교사의 모습이 낯설게 느껴질 수 있습니다. 하지만 시간이 지날수록 학생은 교사의 한결같은 태도에 안정감을 경험합니다. 공정한 기준 아래 보호받고 있다는 느낌은 인격적으로 존중받는다는 믿음을 줍니다. 이러한 신뢰가 쌓이면 교실은 평온한 공간이 되며, 교사와 학생의 유대 또한 견고해집니다.

(3) 단호함 ≠ 저학년을 위한 지도

일반적으로 사춘기 학생에게는 공감과 이해가 가장 중요하다고 생각합니다. 하지만 이 시기 학생은 또래 관계에 매우 민감하고, 친구들의 판단과 집단 분위기를 중시하기 때문에 오히려 교사의 단호한 기준이 없다면 친구들의 영향력에 휘둘려서 혼란이 커질 수밖에 없습니다. 특히 불완전한 사회성을 가진 사춘기 학생에게는 명확한 방향을 제시하는 교사의 목소리가 나침반과 같습니다. 단호함은 이들이 주변 분위기에 휩쓸리지 않고 제자리를 찾게 만드는 안전 장치입니다.

(4) 단호함 ≠ 타고난 성격

"저는 성격이 부드러워서 단호하게 말할 수 없어요." "학생들 앞에서 강하게 말하기가 힘들어요." 등 현장에서 이 같은 고민을 하는 교사가 많습니다. 하지만 일상적인 성격과 교실에서의 지도 전략은 분리해서 생각해야 합니다. 교사의 기질을 바꿀 필요 없이, 상황에 맞는 전문적인 도구를 꺼내 사용한다고 생각해 보세요. 도구 사용법이 그렇듯 단호함도 훈련을 통해 충분히 키울 수 있습니다. 처음에는 어색하고 서툴 수 있지만, 연습을 통해 자신만의 단호한 말과 태도를 익혀야 합니다.

❸ 단호함을 전하는 구체적인 기술

심리학자 알버트 메라비언의 연구에 따르면, 의사소통에서 말의 내용은 메시지 전달에 7% 정도 영향을 미치는 데 반해, 목소리 톤과 표정, 몸짓 등 비(반)언어적 요소는 93%로 훨씬 큰 영향을 미친다고 합니다.

단호함도 마찬가지입니다. 단호한 태도를 효과적으로 전하고 싶다면, 어떤 말을 할지 고민하는 만큼 어떤 신호와 함께 말하면 좋을지 고민해야 합니다. 단호한 말을 하더라도 눈빛이 흐리거나 목소리가 떨린다면 학생은 메시지를 혼란스럽게 받아들이거나 단호한 힘을 온전히 느끼기 어렵습니다. 여기서는 단호함을 일관되고 강력하게 전달하는 비(반)언어적 기술들을 자세히 살펴보겠습니다.

(1) 비언어적 신호

표정: 감정을 배제한 일관성

표정은 교사가 제시한 기준과 원칙이 흔들림 없이 작동하고 있음을 보여 주는 도구입니다. 표정을 적절하게 활용하면 다음과 같은 효과로 교실 전체에 단호한 분위기를 형성할 수 있습니다.

① **주도권의 유지**: 돌발 상황에서도 평온함을 유지하는 표정은 상황을 통제하는 주체가 여전히 교사임을 보여 줍니다.

② **행동의 한계 설정**: 평소와 다른 진지한 표정은 학생에게 자신이 선을 넘었음을 직관적으로 깨닫게 합니다.

③ **감정과 원칙의 분리**: 감정이 드러나지 않는 진지한 표정은 교사가 사적인 감정이 아닌 공적인 원칙에 따라 움직인다는 신뢰를 줍니다.

하지만 단호해지겠다는 의욕이 앞서 지나치게 경직된 표정을 짓거나, 절대 웃지 않겠다는 식의 무리한 설정은 피하는 것이 좋습니다. 인위적인 모습은 에너지를 빠르게 소모할 뿐 아니라, 일관성을 무너뜨려 단호함의 힘을 오히려 떨어뜨리기 때문입니다. 특히 눈을 지나치게 크게 뜨는 등 과하게 꾸며 낸 표정은 학생에게 거부감을 주고 우스꽝스러운 인상을 남겨 교사의 권위만 실추시킬 수 있습니다. 겉으로 드러나는 표정은 결국 교사의 내면 상태를 반영합니다. 따라서 의도된 침착함을 유지하는 데 도움이 될 만한 마음가짐 2가지를 추천합니다.

① **책임의 분리**: 학생의 잘못이 반드시 교사의 지도 실패는 아닙니다. 둘을 분리해서 생각할 수 있어야 감정에 휘말리지 않고 담백한 표정을 유지할 수 있습니다.

② **3초의 여유**: 예기치 못한 일이 생겨도 즉각 반응하지 마세요. 속으로 '그럴 수 있지, 별일 아니야'라고 다독이며 3초만 호흡을 고른 뒤, 평온한 표정으로 대화를 시작하는 습관을 들여 봅시다.

시선: 흔들림 없는 기준의 전달

교사의 시선은 내가 지금 어디에 집중하고 있으며, 어떤 행동을 지켜보고 있는지를 나타내는 강력한 메시지입니다. 시선만으로도 불필요한 말 없이 교사의 기준을 다음과 같은 원리로 명확히 전달할 수 있습니다.

① **즉각적인 무언의 개입**: 수업 중 사담을 나누는 학생에게 시선을 고정한 채 수업을 진행하거나, 부적절한 행동을 하는 학생을 가만히 응시해 보세요. 시선을 고정하는 것만으로도 '지켜보고 있다'는 명확한 경고가 전달되며, 학생이 자신의 행동을 스스로 수정하도록 기회를 줍니다.

② **대화의 주도권 확보**: 개인 상담이나 개인 지도 시 학

생의 눈을 피하지 않고 마주하는 것은 교사가 전하는 메시지에 대한 강력한 확신을 줍니다. 흔들림 없는 시선은 상황의 주도권을 확보할 뿐만 아니라, 학생이 교사의 말을 더 진지하고 무게감 있게 받아들이는 결정적인 힘이 됩니다.

이때 시선을 자꾸 떨어뜨리거나 눈동자가 빠르게 흔들리는 것을 경계해야 합니다. 불안한 시선은 교사의 심리적 불안으로 비치며, 학생들은 교사가 흔들리는 찰나를 놓치지 않습니다. 또한 교사가 학생을 올려다보는 구도는 피하는 것이 좋습니다. 시선 방향은 무의식적으로 위계와 영향력을 나타내기 때문에 그와 같은 구도에서 교사의 말은 부탁이나 호소로 받아들여질 가능성이 높습니다. 교사보다 학생의 키가 큰 경우, 함께 의자에 앉아 대화를 나누거나 교사는 서 있고 학생만 앉히는 것이 지도 효과를 높입니다. 덧붙여서 단호한 시선을 몸에 익히고 효과적으로 지도에 활용하기 위한 방법을 추천합니다.

① **고정 시선 연습**: 한 지점을 정해 일정 시간 흔들림 없이 바라보는 연습을 해 보세요. 시선을 고정하는 습관은 당황스러운 순간에도 불안이 그대로 표출되지 않

게 돕습니다.

② [**시선-표정-말] 루틴**: 문제가 발생했을 때 즉각적으로 반응하기보다 단계별로 접근해 보세요. 학생을 응시(시선) → 단호한 상태를 유지(표정) → 정돈된 언어로 지도(말)의 루틴을 익히면 지도의 무게감이 훨씬 커집니다. 예를 들어 수업 중 잡담하는 학생을 지도한다고 하면, 해당 학생과 눈이 마주칠 때까지 정확히 응시(시선) → 눈이 마주친 후 1-2초간 감정을 배제한 진지한 무표정 유지(표정) → 학생이 자기 점검할 시간을 주고 "칠판 봅니다"라고 간결하게 지시(말)하는 순서로 적용할 수 있습니다.

몸의 방향과 거리: 영향력이 미치는 공간의 장악

몸의 방향과 거리는 교사가 통제하는 물리적 공간의 범위를 결정합니다. 말로만 지도하기보다 교실 내에서의 물리적 위치를 조절함으로써 지도 효과를 높일 수 있습니다.

① **정면 대면**: 학생을 지도할 때 몸의 정면이 학생 쪽을 향하게 하세요. 정면 대면은 '지금은 중요한 순간'이라는 신호를 전달합니다.

② **밀착 지도**: 지도의 영향력을 높이고 싶다면 학생의 곁

으로 다가가 물리적 거리를 좁혀 보세요. 교사와 학생의 거리가 가까워지면 '내가 지금 너에게 주의를 기울이고 있다'는 신호가 되고, 작은 목소리로도 강력한 지시를 전달할 수 있습니다.

하지만 거리를 좁히는 것이 항상 정답은 아닙니다. 학생이 감정적으로 격앙되어 있거나 공격적인 태도를 보일 때 지나치게 다가가면 학생은 이를 위협으로 느낄 수 있습니다. 이때는 오히려 거리를 두는 것이 양쪽 모두에게 안전합니다. 물리적인 여유를 둠으로써 학생의 폭발적인 감정을 진정시키고, 교사가 상황을 객관적으로 관찰할 수 있는 지도권을 확보해야 합니다.

몸의 움직임: 안정감과 여유의 표현

흔들림 없는 자세는 그 자체로 안정감을 줍니다.

① **동작의 절제**: 허리와 어깨를 펴고 불필요한 잔동작(옷매만지기, 몸 흔들기 등)을 줄이세요. 절제된 움직임은 교사가 현재 매우 차분하고 단단한 상태임을 보여 주는 신호가 됩니다. 움직임이 정돈될수록 교사가 하는 말의 무게감은 비례하여 커집니다.

② **여유 있는 리듬**: 시선 처리와 마찬가지로 몸의 움직임 역시 급하지 않아야 합니다. 천천히 이동하고 멈추는 동작 하나하나에 목적성을 담으세요.

다음으로, 단호함을 전달하는 구체적인 움직임 예시를 익혀 보세요.

① **[이동-멈춤-말] 루틴**: 움직이면서 말하는 모습은 자칫 가벼워 보일 수 있습니다. 동작을 분리하는 것만으로도 교사의 메시지에는 훨씬 큰 무게감이 실립니다. 이때 앞에서 다룬 시선과 표정, 그리고 뒤에서 다룰 침묵 전략을 함께 활용하면 더욱 강력한 지도가 가능합니다. 예를 들어, 수업 중에 잡담하는 학생을 지도한다고 할 때, 해당 학생 근처로 천천히 다가가기(이동) → 학생 곁에 완전히 멈춰 서서, 학생이 교사를 인지할 때까지 잠시 응시하기(멈춤) → 학생의 주의가 집중되면 낮고 명료한 목소리로 지시하기(말)의 순서로 지도할 수 있습니다.

학급 전체를 대상으로 지도한다고 할 때, 교실 앞 정해진 위치(교탁 앞 등)까지 천천히 걸어가 자리 잡기(이동) → 동작을 멈추고 전체 학생을 천천히 훑으며 시선 맞추기(멈춤) → 교실이 충분히 정적에 잠기면 낮은 목소리로 지시하기(말)의 순서로 지도할 수 있습니다.

② **포인트 제스처**: 포인트 제스처는 말을 아끼기 위해 사용합니다. 손가락보다는 손바닥을, 빠르고 날카로운 움직임보다는 느리고 묵직한 움직임을 사용하세요. 예를 들어, 특정 학생을 가리키거나 특정 방향을 안내할 때는 검지 대신 손바닥 전체를 펴서 표시해 보세요. 단호하지만 정중한, 묵직한 안내가 됩니다. 소란스러운 교실에서는 조용해지기를 무작정 기다리기보다, 손바닥을 펴고 손가락을 하나씩 천천히 접어 보세요. 선생님이 지금 학생들을 기다리고 있다는 명확한 시각적 신호가 됩니다. 당장 학생의 문제행동을 제지할 때는 손바닥을 학생 쪽으로 가볍게 들어 보이세요. '일단 멈추라'는 정지 신호를 전달하는 데 매우 효과적입니다.

(2) 반언어적 신호

목소리의 특성: 안정적인 톤 찾기

감정이 실리지 않은 차분하고 안정적인 톤은 교사에 대

한 신뢰와 권위를 동시에 느끼게 합니다. 하지만 앞서 말한 것처럼 인위적으로 만든 목소리는 역효과를 냅니다. 특히 감정이 격해져 목소리가 높아지거나 떨리는 것을 경계해야 합니다. 톤이 치솟는 순간 주도권이 약해지며, 이는 지도가 아닌 통제되지 않는 감정 표현으로 오해받을 수 있습니다. 다음과 같은 전략으로 안정적인 톤을 찾아봅시다.

① **나만의 단호한 음역대 설정**: 큰소리를 내기 위해 목소리를 쥐어짜거나 억지로 저음을 만들지 마세요. 가슴 부근에 목소리를 툭 떨어뜨린다는 기분으로 가볍게 소리 내 보세요. 내가 편안하게 내뱉는 소리는 듣는 학생에게도 자극적이지 않으면서 명확하게 전달됩니다. 개인의 음색에 맞춰 메시지의 힘을 강화하는 나만의 안정적인 톤을 찾는 것이 중요합니다.

② **문장 끝 처리**: 문장의 끝부분을 아래로 지그시 누르듯 종결하세요(하향조). 말끝을 올리면 질문이나 부탁처럼 들리지만, 말끝을 확실하게 낮추어 마무리하면 그 자체로 확고한 지시가 됩니다.

③ **첫 톤의 고정과 유지**: 지도를 시작하는 첫 문장의 톤이 전체 대화의 주도권을 결정합니다. 첫 문장을 평소보다 조금 더 차분하고 무게감 있게 시작한 뒤, 그 톤

을 끝까지 일정하게 유지하세요. 일정한 톤을 유지하며 말하는 것만으로도 학생은 교사의 단호함을 직감합니다.

④ **마이크 사용**: 마이크를 활용하면 아주 작은 목소리도 학생에게 또렷이 전달됩니다. 이는 불필요하게 목소리가 커지는 습관을 예방할 수 있고, 목을 아끼는 현명한 방법이기도 합니다.

말의 리듬과 목소리의 크기: 조용함의 강력한 힘

말의 속도와 쉼표를 활용해 다양한 방법으로 리듬감을 주면 메시지가 더욱 명확해집니다. 다음과 같은 전략으로 지도에 변화를 줘 봅시다.

① **문장 내 멈춤의 활용**: 핵심 단어를 말하기 직전에 의도적으로 말을 멈추세요. 짧은 정적은 학생들에게 '지금부터 중요한 내용이 나온다'는 신호를 주어 집중력을 높입니다. 예를 들면 "지금 … 무슨 시간이지?"처럼 중간에 멈춤을 줄 수 있습니다.

② **문장의 분절**: 여러 지시를 전달할 때는 한 번에 하나씩만 명확하게 전달하세요. 문장 사이사이에 의도적으로 숨을 고르면, 교사가 학생들의 반응을 하나하나

확인하며 상황을 완전히 장악하고 있다는 인상을 줍니다. 예를 들면, "자리에 앉으세요. / 책을 폅니다. / 20페이지입니다."처럼 여러 지시를 분절하고 사이사이에 학생들이 지시를 잘 따르는지 살필 수 있습니다.

③ **음절 단위의 강세 활용**: 상황이 엄중하거나 즉각적으로 행동을 수정해야 할 때는 모든 음절에 강세를 주어 말해 보세요. 음절 하나하나에 힘이 실리면서 지시의 무게감이 즉각적으로 살아납니다. 예를 들면, "지. 금. 당. 장. 멈. 춥. 니. 다."처럼 모든 음절에 강조점을 두면 문제 상황이 심각하다는 느낌을 줍니다.

④ **속도와 볼륨의 반전**: 강조하고 싶은 내용은 평소보다 느린 속도와 작은 목소리로 전달하세요. 중요한 지도를 할 때 의도적으로 말 속도를 늦추면, 학생들은 교사의 목소리에 집중하기 위해 스스로 소음을 줄이게 됩니다.

상황에 따른 높임 표현 활용

교사가 학생에게 사용하는 높임 표현(종결어미)을 상황에 맞게 조절하는 것 역시 단호함을 완성하는 중요한 기술입니다. 반드시 격식체를 써야 감정적 거리가 벌어지고 권위가 생기는 것은 아닙니다. 어떤 식으로든 높임 표현이 변하는 것만으로도 같은 효과가 발생합니다. 평소에 해요체로 수업하다가 문제행동을 발견했을 때, 하십시오체 혹은 해라체로 종결어미를 바꾸면 말의 무게감이 달라져 심상치 않은 분위기가 피부로 와닿습니다. 내가 주로 사용하는, 익숙한 높임 표현을 사용하되 각 종결어미가 갖는 무게감을 인지하고 분위기를 효과적으로 전환해 보길 바랍니다.

① 하십시오체

가장 높이는 표현으로, 학년 또는 학급 전체를 대상으로 하는 공식적인 경고나 중요한 원칙을 전달할 때 사용합니다. 높임 표현이 강해지면 말에 무게감이 더해져 해당 문제상황의 엄중함을 각인시킬 수 있습니다. 다만 지나치게 사용하면 학생들과 심리적 거리가 필요 이상으로 멀어질 수 있습니다.

예) 선생님이 규칙을 여러 번 강조했습니다. 기억합니까?

② 해요체

일반적인 수업 진행이나 학급 전체를 대상으로 안내할 때 주로 사용하며 따뜻함과 존중의 메시지를 전할 수 있습니다. 반면, 생활지도 시에는 사안의 무게감이나 단호함이 전해지기 어렵습니다.

예) 선생님이 규칙 여러 번 얘기했어요. 기억하고 있나요?

③ 해라체

긴급한 지시나 통제가 필요할 때, 혹은 개별 지도 시 효과적으로 사용할 수 있습니다. 여기서 소개하는 교사의 말은 '해라체'를 기본 어투로 제시합니다. 해라체는 교사의 확고한 주도권을 유지하면서도 일대일 대화 시 편안함과 친근함을 표현하는 데에도 유리하기 때문입니다.

예) 규칙 기억해?

(3) 침묵: 말보다 더 강한 메시지

교사가 단호함을 전할 때 말을 많이 할 필요는 없습니다. 오히려 적절한 침묵이 말보다 더 강한 메시지를 전합니다. 멈춤보다 더 긴 침묵은 학생에게 교사의 존재감과 권위를 느끼게 하고, 상황의 중요성을 알리는 강력한 신호가 됩니다. 침묵은 다음과 같은 효과가 있습니다. 앞서 말한 시선, 표정 등의 비언어적 신호와 결합하면 효과는 배가 됩니다.

① **지시 전의 주의 집중**: 어떤 행동을 지시하거나 주의 사항을 말하기 전, 모든 학생의 시선이 집중될 때까지 기다립니다. 단호한 표정으로 응시하며 잠시 멈추면 상황의 중요성을 각인시키고 집중도를 높입니다.

② **지시 후의 반응 확인**: 교사의 지시가 끝난 이후, 학생에게 시선을 고정하며 3-5초간 기다립니다. '이제 네가 행동으로 보여 줄 차례다'라는 무언의 신호이며, 학생이 스스로 행동을 조절할 교육적 여백을 제공합니다.

③ **주도권을 확보하는 상황 통제**: 수업 중 교실이 어수선해지거나 학생이 돌발적인 행동으로 교사의 리듬을 흔들려 할 때 사용합니다. 이때 즉각 맞대응하는 대신, 하던 일을 멈추고 학생을 가만히 응시하세요. 교

사가 서두르지 않고 정적을 유지하는 것만으로도 상황의 주도권이 여전히 교사에게 있음을 선언하는 효과가 있습니다.

많은 교사가 침묵이 지속되는 순간을 두려워합니다. 학생의 무반응에 초조해져서 했던 말을 반복하거나 구구절절 설명을 덧붙이게 되는데, 이는 지시의 무게를 스스로 가볍게 만듭니다.

침묵은 그 자체로 강력한 메시지를 담는 '능동적인 신호'입니다. 학생에게 공을 넘기고 반응을 지켜보는, 침묵의 무게를 이용할 줄 알아야 진짜 단호함을 전할 수 있습니다.

단호함은 익숙해지는 과정이 필요합니다. 비언어적·반언어적 신호는 의식적으로 인지하기 어렵기에 세심하게 점검해야 합니다. 거울 앞에서 자신의 표정을 세밀하게 조정해 보고, 지도 장면을 직접 녹음하거나 촬영해 보세요. '내가 학생이라면 이 목소리와 태도에서 신뢰를 느낄까?' 자문하며 자신을 객관적으로 보는 연습에서 단호한 태도가 만들어집니다.

❹ 단호함의 바탕이 되는 신뢰와 강화

(1) 단호함을 만드는 신뢰

심리학자 존 볼비는 애착 이론을 통해 "아이들이 자신을 신뢰하고 도와주려는 어른과 안정된 관계를 맺고 있을 때, 그 어른의 지시나 비판을 위협으로 받아들이지 않는다."고 설명합니다. 쉽게 말해, 나를 도와주려는 사람의 말은 조금 따갑더라도 받아들일 수 있지만, 억누르려는 사람의 말은 아무리 옳아도 거부하고 싶어진다는 것입니다. 그러므로 교사의 말이 학생들에게 받아들여지느냐 마느냐는 말의 '내용'보다 '관계'에 달려 있습니다. 따라서 단호함이라는 기술을 사용하기 전에, 이 기술이 학생들에게 거부감 없이 작동할 수 있도록 관계적 기반, 즉 신뢰를 탄탄히 다져야 합니다.

이를 위해 학기 초, 다음 3가지 질문과 설명을 통해 교사의 단호함에 교육적 정당성을 부여하는 것이 효과적입니다.

> "너희는 왜 학교에 오니?"
> "만약 학교에 선생님이 없다면 어떨 것 같아?"
> "선생님은 학교에서 너희에게 필요한 도움을 줄 수 있는 어른이야.
> 안전하게 생활하며 많은 걸 배울 수 있도록 선생님이 도와줄게."

첫 번째와 두 번째 질문은 학생이 학교를 어떤 공간으로 인식하는지 스스로 생각해 보도록 돕습니다. 학생 개개인의 사소한 이유를 넘어 학교라는 공간이 존재하는 근본적인 이유, 즉 '배움'과 '성장'을 상기시킵니다. 또한 교사가 지식만 전달하는 사람이 아니라 그 배움이 가능하도록 안전과 질서를 유지하는 존재임을 인지시킵니다.

세 번째 설명은 앞선 학생들의 생각을 교사의 역할과 연결하여, 교사의 지도 목적이 너희를 힘들게 하려는 것이 아님을 명확히 전합니다. 이를 통해 학생에게는 자신의 안전을 위해 교사의 역할과 권위를 받아들일 명분이 생깁니다. 첫 단추를 채웠다면 신뢰를 공고히 할 차례입니다. 신뢰는 반복적인 확인을 통해 깊어집니다. 구체적인 방법은 다음과 같습니다.

① 작은 약속을 일관성 있게 지키기

사소한 약속이라도 일관성 있게 지키는 모습을 보이면, 학생은 교사의 말을 신뢰하게 됩니다. 약속을 이행할 때 교사가 한 말의 엄중함(힘)이 증명되고, 학생의 마음을 움직이는 권위(영향력)가 쌓이기 때문입니다. 이는 단호한 지도를 가능케 하는 가장 기초적인 행동입니다.

② 섣부른 판단 금지, 신중함으로 신뢰 확보하기

성급히 결론을 내리거나 누군가의 잘잘못을 따지기보다 언제나 신중하게 접근해야 합니다. 섣부른 판단은 억울한 상황을 만들기 쉽고, 그것이 반복되면 교사의 판단력에 의심이 생깁니다. 학생은 교사가 신중하게 상황을 파악하려는 모습을 보이는 것만으로도 자신이 존중받는다고 느끼며 신뢰가 강화됩니다.

③ 선택권을 줌으로써 결정 과정을 공유하기

학생에게 모든 것을 묻는 게 아니라, 교사가 정한 범위 내에서 선택권을 주는 것이 핵심입니다. 작은 부분일지라도 자신의 의견이 눈앞에서 반영되는 경험은 교사가 학생을 존중하고 있다는 신뢰를 강화합니다. 이렇게 직접 참여하여 정해진 일들은 학생의 주인의식을 높여 스스로 지키려는 동기가 됩니다.

이처럼 단호함과 신뢰는 상호 보완적입니다. 신뢰라는 기반 없이 단호함만 발휘하면 학생의 즉각적인 반발을 낳지만, 신뢰를 바탕으로 한 단호함은 학생에게 안정감과 명확한 행동 지침을 동시에 제공합니다.

(2) 단호함을 완성하는 강화

하지만 신뢰 관계를 바탕으로 지도한다고 해서 학생의 문제행동이 곧바로 변화되지는 않습니다. 그 이유는 다음과 같습니다.

① **익숙한 습관의 힘**: 학생들은 변화에 따른 불안보다는 익숙함이 주는 편안함을 선택해 기존의 행동을 반복하려 합니다. 익숙한 행동이 하나의 패턴으로 강하게 자리 잡고 있기 때문에, 새로운 행동을 시도하기까지는 절대적인 시간이 필요합니다.

② **내적 동기의 부족**: 내적 동기와 자기효능감이 충분하지 않으면 새로운 행동을 지속하기 어렵습니다. 교사의 단호한 지도는 변화의 시작점일 뿐, 학생 스스로 '해내겠다'는 마음이 자극될 때 비로소 행동이 지속됩니다.

③ **행동 변화의 점진성**: 습관은 반복적인 시도와 피드백, 그리고 강화가 결합할 때 점차 유의미한 방향으로 수정됩니다.

따라서 학생의 실질적인 행동 변화를 위해 교사의 긍정적 피드백이 전략적으로 필요합니다. 긍정적 피드백은 단호한 지시에 대한 심리적 문턱을 낮추고, 학생이 노력을 지속할 수 있는 에너지를 제공합니다. 이러한 동력이 확보될 때, 교사의 단호한 지도 역시 학생의 내면에 깊이 수용될 수 있습니다. 구체적인 강화 기술을 살펴보면 다음과 같습니다.

① **작은 성취 포착하기**: 평소에 지각이 잦던 학생이 제시간에 등교하거나 발표를 꺼리던 학생이 스스로 손을 들었을 때처럼 교사가 세운 기준선을 학생이 실제로 통과했을 때 놓치지 않아야 합니다. 비록 사소하더라도 교사의 지침이 행동으로 표출된 성취이기 때문입니다. 학생은 자신의 행동에 대한 긍정적인 피드백 경험으로 자신감을 얻고, 노력을 이어 나갈 의지를 다집니다. 이는 교사의 단호한 기준과 지도를 자신의 성장을 위한 내재적 동기로 확장시키는 효과가 있습니다.

② **숨은 노력 발견하기**: 같은 문제행동을 여러 번 지적했음에도 변화가 눈에 띄지 않으면 지치기 쉽습니다. 하지만 변화는 점진적으로 일어납니다. 이론에 따르면, 행동 변화는 준비 단계 → 행동 단계 → 유지 단계를 거치며 서서히 이루어집니다. 이때 교사가 주목해야 할 단계는 마음속으로 변화를 결심하는 '준비 단계'와

미숙하지만 시도하기 시작하는 '초기 행동 단계'입니다. 과제를 전혀 수행하지 않던 학생이 절반이라도 작성했다면, 과제 자체는 미완성일지언정 변화하려는 학생의 의지가 보이지 않는 곳에서 발현되기 시작한 것입니다. 교사가 이 숨은 노력을 발견할 때, 학생은 비로소 다음 단계로 나아갈 동력을 얻습니다.

결과적으로 단호한 지도가 효과적으로 작동하려면 신뢰가 바탕에 깔리고 적절한 강화 전략이 동원되어야 합니다. 단호한 지도란 당장의 상황 통제가 목적이 아니라, 통제 이후 학생의 점진적 변화까지 염두에 두는 지도입니다.

⑤ 고학년일수록 더 필요한 단호함

앞서 우리는 단호함이 성공적으로 작동하는 심리적 기반(신뢰, 인정)과 기술적 기반을 다루었습니다. 하지만 이러한 원칙을 이해하고 단호하게 지도하려다가도, 막상 사춘기에 접어드는 고학년 학생들의 문제행동을 마주하면 어떻게 대처해야 할지 고민하게 됩니다. 이 시기 학생들은 급격한 인지적·사회적 발달로 이전과는 완전히 다른 특징을 보이기 때문입니다.

이러한 변화가 절정에 달하는 초등학교 6학년은 현장에서 전통적인 '기피 학년'으로 불립니다. 6학년 담임을 맡으려는 교사가 많지 않아, 학교에서는 해당 교사에게 이동 가산점을 부여하거나 행정업무를 줄여 주는 등 여러 유인책을 제공하기도 합니다. 무리를 형성하여 교사보다 더 큰 목소리를 내는 학생들을 지도하기란 그만큼 힘들기 때문입니다.

고학년 학생의 문제행동 이면에는 그런 행동이 나타날 수밖에 없는 발달 특성이 존재합니다. 따라서 이 시기 학생의 특징에 대해 이해하고, 각 문제행동의 원인에 맞는 맞춤형 전략을 활용할 때 지도 효과가 높습니다. 이어지는 2-4

장에서는 고학년 학생에게 나타나는 특징을 크게 3가지 유형으로 분류하고 구체적인 지도 사례를 다룹니다.

① 힘 있는 쪽에 끌리는 학생

초등 고학년 시기 학생은 사회적 서열을 확인하려는 본능이 강해지며, 무의식적으로 자신을 보호해 줄 강한 존재를 탐색합니다. 교사가 중심이 되지 못하면 학생은 힘 있는 또래 세력에 의지하려고 합니다. 따라서 교사의 명확한 기준과 태도로 주도권을 장악하여 학생에게 심리적 안정감을 제공해야 합니다. 여기서는 학기 초 교사의 이미지 메이킹에도 도움이 되는, 교사가 주도권을 잡고 신뢰를 형성하는 전략을 주로 다룹니다.

② 자기 논리로 무장한 학생

논리 체계는 미숙하지만 자율성과 독립성을 주장하는 시기이므로 학생은 불완전한 자기 논리를 주장하는 경우가 많습니다. 이때 교사는 경청과 질문 전략을 통해 학생이 공동체에 미친 영향을 스스로 이해하고, 이를 책임지기 위한 대안을 선택하도록 지도할 수 있습니다. 여기서는 학생의 시각을 확장하고 책임과 성찰을 이끌어 내는 지도 전략을 소개합니다.

③ 또래 시선에 갇힌 학생

이 시기는 사회적 준거집단이 성인에서 또래 집단으로 옮겨 가는 과도기적 단계에 해당합니다. 학생은 친구의 평가와 집단 분위기에 큰 영향을 받으며, 집단에서 소외되지 않기 위해 때로는 과한 행동을 보이거나 군중심리에 휩쓸리기도 합니다. 여기서는 학생이 또래 시선을 의식하는 다양한 사례를 확인하고 교사가 안정감을 제공할 수 있는 구체적인 방법을 안내합니다.

각 장의 본문은 학생이 현장에서 겪는 실제 대화의 과정을 반영하여 '학생 반응(발화) 또는 문제 상황 - 무심코 쓰기 쉬운 말 - 교사의 단호한 말 - 교사의 따뜻한 말' 구조로 진행됩니다. 이를 통해 1장에서 다룬 단호함, 신뢰의 원칙이 교실 상황에서 어떻게 구체적인 말로 적용되는지 단계적으로 확인할 수 있습니다.

교사의 지도를 따르지 않는 학생, 무질서한 교실 앞에서 좌절했던 선생님들, 특히 초등 고학년 학생을 어떻게 지도해야 할지 막막했던 선생님들께 실용적인 가이드가 되기를 바랍니다.

2

힘 있는 쪽에 끌리는 학생

사춘기에 접어든 초등 고학년 학생은 서열을 확인하려는 본능이 강해지며, 학급 내 실질적인 주도권이 어디로 흐르는지 민감하게 반응합니다. 강한 존재 곁에서 안전을 확보하려는 성향은 인간의 생존 본능이지요. 따라서 교사는 교실에서 가장 믿고 의지할 수 있는 강하고 든든한 존재로 우뚝 서야 합니다. 교사가 중심을 잡지 못하면 교실은 또래 중 힘 있는 학생에게 휘둘리게 됩니다. 그러므로 교사를 끊임없이 도발하는 학생의 문제행동에 어떻게 대응하느냐에 따라 교사의 권위가 결정됩니다. 여기서는 힘에 이끌리는 교실에서 교사가 어떻게 주도권을 잡을 수 있을지 살펴봅니다.

❶ 규칙을 무시하는 학생

> "규칙 잘 몰라요."
> (친구에게) "규칙이 있었나?"
> "규칙은 있었는데, 잘 안 지켜졌어요."

3월 첫 주, 새로 만난 학생들에게 '복도에서는 뛰지 않는다'라는 규칙이 있었는지 묻자, 학생들이 보인 반응입니다. 학생들은 규칙의 존재 여부조차 헷갈렸고, 지키지 않는 걸 당연하게 여기며 웃어넘기기도 했습니다. 이미 또래 사이에 자기들끼리 선별한 규칙이 자리 잡은 것입니다.

이처럼 초등 고학년 무렵의 학생들은 규칙을 절대적인 기준으로 여기지 않습니다. 콜버그는 이를 도덕성 발달의 2단계인 '도구적 상대주의'로 설명합니다. 즉, 규칙을 지켰을 때 돌아오는 보상이나 어겼을 때 받을 불이익을 따져서 행동을 결정하는 것입니다. 하지만 교사가 규칙을 일관되게 적용하는 단호한 태도를 보여 주면, 학생들은 '이 공간에서는 규칙을 지키는 게 유리하다'는 판단을 내리게 됩니다. 교사의 태도가 곧 학생들에게 규칙의 무게를 가늠하는 중요한 신호가 되며, 교실에서 규칙이 실제로 작동하게 만드는 중요한 역할을 합니다.

◆ 교사의 단호한 말

"규칙이 있는데 안 지켰다는 이야기를 당당히 하고 있는 거니?"
"규칙은 지키라고 있는 거야. 우리 교실에서 지키지 않아도 되는 규칙은 없어. 명심해."
"지킬 필요가 없거나 지키지 않아도 되는 건 규칙이 아닌 거야. 우리에게 필요한 규칙이 무엇인지 함께 생각해 보자."

교사의 단호한 언어는 그 자체로 교실 분위기를 바꿉니다. 첫 번째, 두 번째 말은 공격적으로 느껴질 수 있지만, 장난기 가득하던 상황을 반전시킴으로써 분위기만으로 공동 규칙의 중요성을 느끼게 하는 효과가 있습니다. 이로써 학생들은 복도를 마구잡이로 이용해도 되는 통로가 아니라, 질서를 지켜야 하는 '공동 공간'으로 대하기 시작합니다. 해당 규칙은 이전부터 똑같이 존재했고 여러 교사에게 여러 번 안내받았을 것입니다. 같은 규칙이라도 교사가 어떤 언어로 어떻게 안내하느냐에 따라 규칙을 대하는 학생들의 태도가 달라집니다.

세 번째 말은 교사가 실행 가능한 수준으로 규칙을 관리하기 위한 장치입니다. 교사가 기억하기 어려울 정도로 규칙이 많다면 교사 자신도 규칙을 어기는 일이 발생하고, 단호함의 권위가 무너집니다. 따라서 "우리 반 규칙은 꼭 필요하다고 생각되는 것만 정하겠다."라는 교사의 말은 학생들에게 규칙에 대한 부담을 덜어 주고, 동시에 규칙의 중요성을 더 분명하게 전달합니다. 규칙이 너무 많으면 학생들은 무엇을 우선해야 할지 혼란스러워하기 때문입니다.

규칙을 정하기 전에는 아래 질문을 충분히 고민한 뒤, 우리 반에 꼭 필요한 규칙만을 선택하시길 권합니다.

무슨 일이 있어도 반드시 지켜져야 하는가?
규칙을 어겼을 때 어떤 문제가 생기는가?
규칙이 무너졌을 때 단호하게 지도할 수 있는가?

쓸데없는 규칙이 적어야 한다는 말이 머리로는 이해되지만, 막상 교실에 적용하려 하면 막막할 수 있습니다. 규칙을 줄이려면 마냥 줄일 수 있지만, 그렇게 되면 교실이 무질서해질 위험도 생기기 때문입니다. 이럴 때 도움이 되는 방법이 '루틴'입니다. 루틴은 선택의 과부하를 줄이는 동시에 예측할 수 있는 하루의 흐름을 제공하여 학생들에게 심리적인 안정감을 줍니다. 반드시 지켜야 할 몇 가지는 '규칙'으로 정하고, 그 외의 반복적인 활동을 '루틴'으로 구분해 보세요. 핵심 규칙은 신중하게, 루틴은 일관되게 잘 구성하는 것이 안정적인 교실을 운영하는 힘이 됩니다.

저희 반은 아침에 교실에 들어오면 해야 할 일들이 순서대로 정해져 있습니다. 인사하고, 가방 정리하고, 제출물 챙기고, 책상 서랍 정돈하고, 바른 글씨 쓰기 과제로 하루를 시작합니다. 이런 흐름이 매일 반복되면 학생들에게는 마치 숨 쉬듯 자연스럽고 익숙한 일상이 됩니다. 아침에 매번 뭘 할지 선택하는 것이 아니라 무엇을 하면 되는지 이미 알고 있다는 편안함이 교실 전체에 깔리는 것이지요.

❷ 교사의 지시를 따르지 않는 학생

> "줄 서기 귀찮아요. 그냥 먼저 갈래요. 알아서 가면 안 돼요?"
> "장난 좀 칠 수 있는 거 아니에요? 그냥 장난이었는데요."

학생이 교사의 지시에 따르지 않는 행동은 단순한 장난이나 고집을 넘어, 힘겨루기와 서열화 본능이 드러나는 장면일 수 있습니다. 친구들 앞에서 규칙을 깨며 자신의 힘을 과시하거나, 교사에게 정면으로 맞서 그 권위를 시험하려고 하는 것이지요. 이러한 행동은 다른 학생들에게 영향을 미쳐, 교실 전체의 분위기가 힘겨루기 양상으로 확장되기도 합니다.

◆ 무심코 쓰기 쉬운 말

> "몇 번을 말해야 하니?"
> "왜 제대로 안 하는 거야?"

지시를 따르지 않는 학생을 보면 화가 나거나 답답할 수 있습니다. 교사도 감정적으로 힘든 상황이라 문제행동을 사실에 근거해 일일이 짚어 주기보다는, 학생의 인격을 평가하거나 짜증 섞인 감정을 드러내기 쉽습니다.

그 결과 학생은 자신이 '혼나고 있다'는 부분에만 집중하게 되며, 자신을 향한 공격으로 받아들여 반발심을 키우기도 합니다. 문제행동을 고쳐야 한다는 메시지는 격해진 감정에 희석되어 교육적 효과를 발휘하기 어려워집니다.

'하지 말라'는 지적만 있고, '어떻게 행동해야 하는지'에 대한 안내가 없는 것도 행동 개선을 방해합니다. 교사가 하지 말라는 말만 반복하면 학생은 어떤 행동을 대신해야 할지 몰라 혼란스러울 수 있습니다. 결과적으로 해당 말은 학생의 즉각적인 행동 개선을 이끌어 내기 어렵습니다.

◆ 교사의 단호한 말

"다시 해 보자."
"줄 서기 연습 다시 할거야."

짧지만 강력한 생활지도의 매직워드 '다시 해 보자'는 말은 행동주의 원칙에 기반합니다. 반복과 강화를 통해 올바른 행동이 자리 잡는 과정을 함축하는 표현으로 단순한 지시 이상의 힘을 담고 있습니다. 학생은 교사의 안내를 통해 반복적으로 같은 행동을 시도하며, 이를 통해 스스로 조절하고 성장할 수 있는 기반을 마련하게 됩니다.

'다시 해 보자'라는 지시는 교사와 학생의 역할 경계를 분명히 보여 줍니다. 교사가 지시하고 학생이 이행하는 역할 수행이 반복될수록 학생의 행동은 정상화되고 교사의 권위도 자연스럽게 공고해집니다. 즉 학생이 더 이상 교사를 동등한 힘겨루기 대상으로 인지하지 않게 된다는 뜻이지요. 학생은 지시를 따르는 경험을 통해 교사의 위치를 내재화하고, 교사는 학생의 변화를 확인하며 신뢰 기반의 안정적인 관계로 전환할 수 있습니다.

또한, '줄 서기'처럼 문제행동만을 짚기 때문에 학생이 감정적인 비난으로 받아들이지 않습니다. 오히려 '무슨 행동을 어떻게 다시 시도해야 하는지' 기준과 방법을 안내함으로써 학생이 수정할 수 있는 구체적인 신호가 되는 것이지요. 담백한 지도 문장은 학생의 방어적인 반발을 방지하고, 지시에만 집중하여 더 나은 행동을 연습할 수 있도록 하기에 즉각적인 행동 개선으로 이어집니다.

◆ 교사의 따뜻한 말

"잘했어."
"봐, 넌 노력하면 뭐든 할 수 있는 아이야."

학생의 노력과 시도를 인정하고 성장 가능성을 믿어 주는 말입니다. 단호한 지도 뒤 학생의 변화한 모습을 칭찬하는 말은, 교사의 반복적인 지시가 벌을 주기 위함이 아니라, 자신의 성장을 돕기 위한 것임을 자연스럽게 드러내는 것이지요.

학생은 실수를 통해 성장하지만, 종종 그 실수를 자신의 한계로 여기며 가능성을 스스로 제한하기도 합니다. 그러나 실수는 배우고 연습할 수 있는 기회입니다. 교사는 반복 연습을 통해 학생이 작은 성공 경험을 쌓을 수 있도록 기회를 제공해야 합니다. 그 경험이 쌓일수록 학생은 '연습하면 이루지 못할 것이 없구나'를 몸소 깨닫게 되며 자아효능감과 자존감이 함께 향상됩니다.

더 알아보기 '다시'에도 따르지 않는 학생을 위한 행동 개선 전략

Q. 다시 하라고 했는데, 아이들의 행동에는 큰 차이가 없습니다. 다시 하라는 말만으로는 부족한 걸까요?

Q. 다시 하라고 했더니 한숨부터 쉽니다. 아이들의 표정을 보면 자꾸 눈치 보게 되어, 결국 다음부터는 잘하자고 급하게 마무리하고 지도를 마칩니다. '다시'에 따르지 않는 아이들은 어떻게 지도하면 좋을까요?

단호하게 '다시 해 보자'고 지시했는데도 어떤 학생은 여전히 행동을 바꾸지 않으려 합니다. 이유는 다양합니다. 교사의 권위를 시험하는 힘겨루기가 끝나지 않았을 수도 있고, 교사에게 불만을 표현하는 것일 수도 있습니다. 또는 불명확하거나 복잡한 지시를 제대로 이해하지 못했거나 친구들의 시선을 의식해 다른 선택을 하기도 하지요. 중요한 것은 학생이 왜 따르지 않는가를 정확히 짚고 그에 맞는 전략적 대응을 하는 것입니다.

● 5가지 행동 개선 전략

① 지시의 단순화 및 명료화

지시가 복합적이면 학생이 놓치기 쉽습니다. 자리 정리

를 예로 들면, "쓰레기통 비우고, 책상 서랍 정리해서 교과서 넣고, 의자도 넣어."와 같이 복합적인 지시보다는, "필통 책상 서랍에 넣어."처럼 단 하나의 행동에만 집중하는 짧고 명확한 지시가 효과적입니다.

② 환경 통제를 위한 집중 유도

교실 활동이 끝난 직후나 쉬는 시간 직전처럼 주변이 소란스럽고 교사의 통제력이 약한 환경에서는 반복 연습의 효과가 떨어지기 쉽습니다. 특히 친구들이 주변에서 떠들거나 시선을 줄 때, 어떤 학생은 반항하려는 마음이 강해져 교사의 지시에 집중하지 않거나 일부러 느리게 행동할 수 있습니다.

이럴 때 주변을 조용하게 만들거나 일대일 상황을 만들면 학생은 외부의 시선을 의식하지 않고 교사의 지시에만 집중하게 됩니다. 환경 통제는 학생의 불필요한 저항을 줄이고 지도 효과를 높이는 중요한 변수입니다.

③ 목표와 성공 기준의 명확화

'다시 해 보자'가 추상적인 말이 되지 않도록, 구체적인 성공 기준을 제시해야 합니다. 예를 들어 줄 서기라면 '앞을 보고 간격을 맞춰야 한다'라는 기준을 분명히 하고 연습

중 부족한 부분을 짚어 줍니다. 또한 구체적인 목표를 제시하는 것도 행동 개선에 도움이 됩니다. “이 시간에 3번 성공하면 끝. 안 되면 다음 시간에 다시 연습하자.”처럼 명확한 목표가 있으면 학생들은 목표 달성에 집중하게 됩니다.

④ 관심과 동기의 긍정적 전환

힘겨루기로 관심을 얻으려는 학생에게는 올바른 행동을 했을 때 인정받는 경험을 주는 것이 중요합니다. 목표를 달성했을 때는 “역시 잘할 줄 알았어.”처럼 확실히 인정하고 격려하세요. 관심과 주목의 방향이 자연스럽게 긍정적인 행동으로 옮겨 가게 됩니다.

⑤ 개별 학생 심층 지도

앞선 지도 전략을 활용했는데도 학생의 태도가 여전하다면, 단순 연습으로 개선되기 어려운 복합적인 문제일 가능성이 높습니다. 이때는 학생과 대화 시간을 따로 마련해 문제행동의 원인을 파악하고 그에 맞는 지도 목표와 방향을 재설정해야 합니다.

❸ 변명하기 바쁜 학생

> "시간이 없어 급히 쓰느라 어쩔 수 없었어요."
> "집에 가져가려고 했는데 깜박했어요."
> "진짜 하려고 했는데, 갑자기 아무 생각도 안 나서요."

학생은 종종 하고 싶은 일보다 해야 할 일을 먼저 하는 것을 어려워합니다. 게임을 하느라 숙제를 미루는 학생이 그 대표적인 예이지요. 결국 시간에 쫓겨 대충 하거나 손도 대지 못한 채 학교에 와 변명을 늘어놓곤 합니다. 변명은 자신을 방어하려는 자연스러운 심리에서 비롯되지만, 이것이 반복되면 책임 의식이 흐려지고 결국 스스로 성장할 기회를 놓치게 됩니다.

이러한 행동을 지도하기 위해서는 교사가 변명을 수용하지 않는 단호하고 일관된 태도를 보여야 합니다. 힘 있는 쪽에 끌리는 학생의 특성상, 변명이 통하지 않는다는 사실을 깨달을 때 비로소 다른 선택을 위해 노력하게 되기 때문입니다.

◆ 무심코 쓰기 쉬운 말

"그렇게 까먹었다고 변명만 하면 네 인생은 누가 책임지니?"
"너 어제 숙제 안 하고 뭐 했어? 솔직히 말해 봐."

변명하는 학생에게 교사는 흔히 도덕적 판단을 하거나 책임 의식을 강조하는 훈계를 하기 쉽습니다. 그러나 이러한 방식은 학생의 문제행동을 고치기보다는 교사에게 혼나지 않으려는 방어 기제를 작동시킵니다. 특히 과거 행동을 캐묻거나 학생의 사생활에 깊숙이 개입하려 들면, 학생은 교사를 추궁하는 사람으로 인식하여 변명을 더욱 정교하게 만들게 됩니다. 결과적으로 '지금-여기'의 문제행동이 아닌 과거의 잘못에만 초점이 맞춰져 책임 회피의 고리가 끊어지지 않습니다.

◆ 교사의 단호한 말

"혼자 연습하는 게 좀 어려운 것 같은데 선생님이 도와줄 수 있어. 선생님 도움이 필요하니?"

학생의 문제행동을 감정적으로 꾸짖는 대신, 노력하지 않는 태도라는 구체적인 사실을 지적하고 도움 여부를 스스로 선택하게 하는 질문을 던집니다. '스스로 노력할 것인지, 아니면 교사의 개입을 받을 것인지'라는 제한된 선택지는 학생에게 자기 결정성을 경험하게 합니다. 통제 대신 선택권을 부여함으로써 학생의 심리적 저항을 낮추고, '내가 결정했다'는 인식을 통해 행동에 대한 내적 동기를 유발합니다. 이 경험은 자아효능감을 높여 다음에는 교사의 개입 없이도 스스로 노력하도록 이끄는 원동력이 됩니다.

이 말은 스스로 노력하지 않으면 교사의 개입이 따른다는 메시지를 전달합니다. 학생에게 적절한 수준의 긴장감을 부여하여 자기 통제력을 발휘할 기회를 제공하는 것이지요. 이때 주의할 점은 학생에게 주어지는 과제가 학생이 스스로 노력하거나 교사의 도움을 받으면 충분히 할 수 있는 적정 수준이어야 한다는 것입니다. 근접발달영역을 떠올리시면 됩니다. 이는 학생이 스스로 해낼 수 있다는 믿음을 유지하면서도 필요한 경우 도움을 받을 수 있다는 안전망을 인식하게 만듭니다.

또한 책임 전가 방지의 효과가 있습니다. 문제행동을 지적만 하고 방치하면 학생은 '끝까지 고치지 않아도 지적받지 않는다'고 학습합니다. 그러나 "선생님이 도와줄까?"라는 발화는 도망갈 구석을 차단합니다. 책임을 학생에게 돌리되, 교사가 함께할 준비가 되어 있음을 알림으로써 책임과 지원의 균형을 보여 줍니다. 특히 교사의 권위와 영향력이 분명히 서 있을 때, 이 말은 더욱 큰 힘을 발휘합니다.

◆ 교사의 따뜻한 말

① '스스로 노력하기'를 선택한 학생에게

> "네가 노력하겠다면, 믿어 볼게."

대부분의 학생은 스스로 노력해 보겠다고 대답합니다. 이때 교사는 그 선택을 존중하고 기다리면 됩니다. 학생은 교사가 지켜보고 있다는 사실 때문에 평소보다 조금 더 신중하게 행동하게 됩니다. 이때 교사는 행동이 개선된 순간을 놓치지 않고 칭찬하는 것이 중요합니다.

단호한 지도가 적정한 긴장감을 주었다면, 이 따뜻한 말은 학생에게 자신이 여전히 존중받고 있다는 확신을 심어 줍니다. 결과적으로 '노력하지 않으면 교사가 개입한다'는 메시지가 단순한 압박이 아니라 성장을 위한 발판으로 작용하게 되는 것입니다.

② '교사의 도움'을 선택한 학생에게

> "일단 이렇게 해 보자."

만약 교사의 도움이 필요하다는 선택을 했다면, 학생이 쉽게 따라올 수 있을 만한 단기 목표를 설정해 함께 시도해 보세요. 혼자 어려워하던 일이 교사와 함께 할 때 쉬워지는 경험은 학생에게 큰 힘이 되며 교사를 향한 신뢰로 이어집니다.

④ 자기도 모르게 수업 태도가 흐트러지는 학생

> [문제 상황]
> "톡톡, 톡톡."
> 연필로 책상을 두드리는 소리가 들립니다.
> 옆자리 학생은 다리를 꼬고 발끝으로 바닥을 두드리고,
> 앞줄 학생은 지우개 가루를 모아 뭉치며 혼자만의 놀이에 빠져 있습니다.

어떤 학생은 의도하지 않았지만 무심코 몸이 움직이는 습관을 보여 주기도 합니다. 눈에 띄는 큰 문제가 아니기에 방치하기 쉽지만, 작은 행동 하나하나가 곧 교사의 허용 기준을 알리는 신호가 됩니다. 이 사례는 교실의 기준점을 분명히 세우는 일이 사소한 행동 지도에서부터 시작됨을 강조합니다.

◆ 무심코 쓰기 쉬운 말

> "또 그러네. 선생님이 얼마나 많이 봐줬는지 알아?"

교실은 꽤 역동적인 공간이라 예상치 못한 사건들이 자주 일어납니다. 사건 사고가 많은 반일수록 큰 문제행동에 집중하게 되니, '이 정도야 그냥 놔두자'라며 흐린 눈으로 넘

어가는 경우가 있습니다. 이는 일시적인 평온을 주지만 장기적으로는 더 큰 문제를 부릅니다. 교사는 학생의 작은 장난을 이해하고 배려한 것이지만, 학생들은 이를 통해 '이 행동은 교실에서 허용되는 행동'이라고 무의식적으로 학습합니다. 즉 교사의 제지가 없으면 자기 행동이 부적절하다는 사실조차 인식하지 못하고 습관화됩니다. 결국 교사가 더 이상 참지 못하고 화를 내면 학생은 당황합니다. '언제 봐줬지?' '갑자기 왜 화를 내는 거야?' 하면서 억울해하거나 이 상황의 원인을 일관성 없는 교사의 태도 탓으로 돌리며 교사를 불신하기도 합니다. 미성숙한 학생에게는 교사의 배려가 기준 없는 태도로 비칠 수 있다는 점을 기억해야 합니다.

◆ 교사의 단호한 말

"선생님 지금 세 번째 말하고 있어."

교사의 담백한 안내는 학생이 객관적 사실을 직면할 수 있도록 돕습니다. 이때 주의할 점은 교사의 감정을 드러내지 않고, 교사의 개입 횟수를 명확히 짚는 것입니다. 객관적 사실 제시는 학생으로 하여금 "내가 그사이에 몇 번이나 같은 이야기를 들었구나." 하는 점을 깨닫게 합니다. 행동주의 학습이론에 따르면 부적절한 행동에 감정을 배제한 중립적 피드백을 줄 때 자극-반응 고리를 단절하는 효과가 있다고 말합니다. 고리가 단절되어 강화되지 못한 행동은 점차 소거되며, 잘못된 습관이 강화되지 않도록 예방할 수 있습니다. 또한 사소한 위반을 반복해서 짚어 줌으로써 교실 규범의 기준선을 높이고, 공동체가 지켜야 할 규칙을 재확인하게 되어 생활 태도의 상향 평준화가 가능해집니다.

학생은 늘 어디에 힘이 있는지 본능적으로 감지하고 그쪽으로 움직입니다. 교사가 중심을 단단히 세우면 그 힘에 이끌려 안정된 태도를 보이지만, 교실의 무게중심이 흐트러지면 금세 다른 흐름에 휩쓸리지요. 그래서 교사는 이런 작은 행동조차 분명히 짚어야 합니다. 그 순간, 학생은 '이 교실의 기준은 교사에게 있다'는 사실을 체감할 수 있습니다.

◆ 교사의 따뜻한 말

"좋아. 아까보다 훨씬 잘하고 있어."

작은 문제행동을 고친 학생에게는 반드시 긍정적 강화가 뒤따라야 합니다. 꾸중으로 끝나는 것이 아니라, 올바른 행동을 했을 때 교사가 이를 짚어서 인정하면 그 행동이 강화되기 때문입니다. 학생과의 관계는 지적하지 않을 때 가까워지는 것이 아닙니다. 학생의 행동을 관심 있게 바라보며 지도와 격려를 아끼지 않을 때보다 더 가깝고 신뢰할 수 있는 관계로 발전할 수 있습니다.

더 알아보기 수업 방해 행동 대응: 분리 조치 및 공동 대처 전략

Q. 멀리 떨어져 있는 2명의 학생이 수업 중 큰 소리로 대화를 해 수업을 방해합니다. 하지 말라고 해도 그때뿐이고 매시간 반복됩니다. 어떻게 하면 좋을까요?

Q. 다른 학생의 학습권을 침해할 정도로 과한 행동을 하는 학생이 있습니다. 그때마다 전 어떻게 지도해야 할지, 그리고 학부모님께는 어떻게 말씀드려야 할지 고민됩니다.

반복적·지속적인 문제행동으로 다른 학생의 학습권이 심각하게 침해될 때, 교사는 분리 조치를 활용할 수 있습니다. 이는 「교원의 학생생활지도에 관한 고시」(교육부, 2023.8.17.)에 명시된 교사의 정당한 권한입니다. 다만, 학교마다 분리 장소, 방법, 절차가 다르므로 담당 부장 교사 또는 학교 매뉴얼을 통해 정확한 세부 사항을 확인하는 것이 필수적입니다.

■ 일반적인 분리 절차

학생의 문제행동 수준과 빈도에 따라 단계적으로 분리 조치를 적용할 수 있습니다.

① 수업 시간 중 교실 내 다른 좌석으로의 이동

② 수업 시간 중 교실 내 지정된 위치로의 분리(예: 교실 뒤 지정 공간)

③ 수업 시간 중 교실 밖 지정된 장소로의 분리(예: 상담실, 교무실 등)

④ 정규수업 외의 시간에 특정 장소로의 분리

[참고] 분리를 거부하거나 하루 2회 이상 반복되는 방해 행동의 경우, 보호자에게 학생 인계를 요청하는 것도 가능합니다.

■ 학교와의 공동 대처 전략

지금은 교사가 할 수 있는 생활지도의 범위가 매우 제한적인 것이 현실입니다. 그럼에도 모든 문제를 혼자 감당하려는 교사를 종종 보게 됩니다. 교사의 의지는 충분히 이해하지만 학교와 함께 해결해야 할 공동의 문제로 인식하는 것이 중요합니다. 학교 지원 인력(상담교사, 부장 교사, 교감)과 함께 해결 방안을 찾는 것이 교사와 학급 모두를 살리는 길입니다.

■ 학부모 소통 및 협력의 방향

분리 조치나 문제행동으로 인해 학부모와 면담할 때는 학생의 성장이라는 공동의 목표에 초점을 맞추어야 합니다. 교사는 '이 학생의 상태에 깊은 우려를 가지고 있다'는 뉘앙스를 전달하여, 학부모가 문제 해결을 위해 협력하도록 이끌어야 합니다.

① 객관적 행동 제시

교사의 주관적 감정이나 타인이 입은 피해 대신, 관찰된 사실만을 담담하게 전달하여 대화를 시작합니다.

예) 최근 수업 시간에 집중을 힘들어하고, 본인도 모르게 소리를 내는 행동이 반복되고 있습니다.

② 학생의 심리적 우려 공유

문제의 심각성(학습부진)을 드러내되 학생의 내적 고충에 공감하여 학부모의 방어심을 낮춥니다.

예) 아이와 이야기해 보니, 문제행동을 고치려고 마음은 먹는데 잘 안 된다고 하더라고요. 아이도 얼마나 답답할까요? 수업 집중도가 떨어지니 수업 내용도 이해하기 어려워합니다.

③ 문제의 공동 인식 및 협력 요청

문제를 가정의 책임으로 돌리지 않고, 공동의 노력과 구체적인 역할 분담을 요청하여 협력을 이끌어 냅니다.

예) 이 문제는 아이의 자기조절능력 향상을 위해 가정과 학교가 함께 노력해야 할 부분입니다. 학교에서도 학교 상담실과 연계하여 지도하도록 하겠습니다. 가정에서도 '10분은 집중해서 수학 문제 1쪽 풀기'처럼 작지만 구체적인 목표를 가지고 연습하면 좋겠습니다.

⑤ 질문으로 교사를 떠보는 학생

> "이거 가져와도 돼요?"
> "안 될 것 같기는 한데요…."
> "혹시요…."

수업이든 생활지도든 교사의 안내가 끝나면 학생들의 질문이 꼬리를 물고 이어집니다. 학생들은 분명 규칙을 알고 있으면서도, 교사의 반응을 시험하고, 분위기를 살피며, '혹시 허용될지도 모른다'라는 기대를 담아 질문을 던집니다.

학생들은 왜 알면서도 질문할까요? 사실 고학년쯤 되면 대부분의 규칙은 이미 잘 알고 있습니다. 다만 학생들은 규칙이 상황에 따라 달라질 수 있는지 시험하고 싶어 합니다. 교실 안에서 교사가 허용할 수 있는 '경계'를 직접 확인하려는 것이지요.

이러한 행동은 또래 앞에서 교사의 반응을 끌어내려는 의도와도 연결됩니다. 질문을 던진 학생만이 아니라, 옆에서 지켜보는 친구들까지 동시에 교사의 대답을 듣고 규칙의 범위를 재확인하게 되기 때문입니다. 결국 이는 교사 개인을 곤란하게 만들려는 것이 아니라, 집단 속에서 내게 좀 더 유리하게 규칙의 경계를 설정할 수 있는지 확인하는 일종의 사회적 실험이라 할 수 있습니다.

◆ 교사의 단호한 말

> "그게 될까? 한번 생각해 봐."
> "너희가 생각하는 게 대부분 맞아. 안 될 것 같으면 안 되는 거야."

첫 번째 말은 학생들이 스스로 판단하고 규칙을 내면화할 기회를 제공합니다. 학생들은 이미 알고 있는 규칙을 떠올리며 즉시 행동을 조정할 수 있고, 교사는 긴 설명 없이도 학급의 질서를 유지할 수 있어 매우 효과적입니다. 더 나아가, 학생들이 스스로 판단하게 되면 교실의 규범은 '외부에서 주어진 통제'가 아니라, 내가 동의하고 따르는 약속으로 여겨집니다. 덕분에 "왜 안 되느냐?"와 같은 부정적인 반응을 보일 기회 자체가 사라지고, 자기 판단에 근거한 행동 수정이 자연스럽게 이루어집니다.

두 번째 말은 기준이 흔들리지 않을 것이라는 사실을 명확히 전달합니다. 이는 학생들의 판단력을 신뢰하는 동시에 더 이상 교사를 시험하지 말라는 점을 강조합니다. 동시에 교사의 기준을 분명히 보여 주어, 학생들이 "우리 선생님은 흔들리지 않는다."라는 판단을 하도록 돕습니다.

교실에서 학생들은 많은 질문을 쏟아냅니다. 그때마다 매번 흔들림 없이 솔로몬의 지혜 같은 답변을 주는 것은 쉽지 않습니다. 하지만 학생들이 교사의 답을 기다리기보다, 스스로 이미 알고 있던 규칙을 떠올리고 행동을 조정하도록 유도하면, 교사의 부담도 크게 줄어듭니다. 이렇게 기준을 분명히 안내하고 질문 전에 자기 판단을 거치도록 유도하는 태도는 학생의 자율성과 책임감을 키우는 교육적 장치가 됩니다.

◆ 교사의 따뜻한 말

"잘했어. 현명한 선택을 하는 너희가 기특하다."

학생들이 즉흥적인 행동을 멈추고 스스로 선택을 가다듬을 때, 교사는 그 순간을 놓치지 않고 인정해 주어야 합니다. 이 한마디는 학생들이 올바르게 판단했다는 사실을 스스로 확인하도록 돕습니다. '너희'라는 표현으로 학급 전체가 올바른 선택을 했다고 강조할 때, 학생들은 교사의 지도를 억지로 따랐다는 느낌이 아니라 스스로 현명한 결정을 내렸다는 긍정적 자부심을 느끼게 됩니다.

학생들은 옳고 그름을 누구보다 잘 알고 있습니다. 다만 상황에 따라 다른 선택을 할 뿐이지요. 교사가 판단을 맡기고 신뢰를 보내면, 학생들은 때로 교사보다 더 엄격한 잣대로 자신을 돌아보기도 합니다. 스스로 옳은 행동을 선택하고, 실천할 기회를 주고, 이를 격려하는 학급 분위기가 이어진다면 학생들도 '가장 나은 선택을 하는 힘'을 기를 수 있습니다.

더 알아보기 학생의 질문을 능숙하게 다루는 4단계 전략

Q. 하루 종일 쏟아지는 아이들의 질문에 답하다 보면 제가 무슨 답을 했는지도 모르겠는 날도 있어요.

Q. 아이들의 질문에 현명한 답을 해 주고 싶은데, 제가 바로 답하기 어려운 것도 많고 제가 모르는 것도 많아서 아이들이 질문할 때마다 작아져요.

이런 고민은 누구나 겪습니다. 교사가 모든 요구를 다 수용하거나 모든 것을 즉시 처리할 필요는 없습니다. 중요한 것은 질문의 범주를 정해 명확히 안내하는 것입니다. 예를 들어 "이건 안 된다." "이건 가능하다." "회의 후 안내하겠다." "생각해 보고 알려 주겠다."처럼 말하면 학생들도 이해하기 쉽습니다. 질문의 양을 줄이고 교실 질서를 유지하는 데 도움 되는 4단계 전략은 다음과 같습니다.

■ 1단계: 처음부터 자세히 설명하기

질문은 또 다른 질문을 낳기 마련입니다. 처음부터 상세하게 안내하면, 대부분의 궁금증은 설명만으로 해결됩니다. 이렇게 하면 본질에서 벗어난 질문이 나올 가능성도 줄어듭니다. 이때 중요한 것은, 교사의 설명이 학생들에게 제대로 전달되도록 조용하고 차분하며 교사의 목소리에 집중할 수 있는 교실 환경을 조성하는 것입니다.

■ 2단계: 질문 전에 스스로 판단하도록 유도하기

학생들에게 먼저 생각하고 판단하도록 연습시키면, 대부분의 질문은 스스로 해결됩니다. 고학년 학생일수록 이 방법이 효과적이며, 스스로 판단이 어려운 경우에만 질문하도록 안내하는 것이 중요합니다. 이 과정은 학생의 자율성과 문제 해결 능력을 키우는 교육적 장치가 됩니다.

■ 3단계: 친구에게 먼저 묻도록 하기

교사의 설명을 놓친 부분이 있더라도, 친구에게 먼저 묻고 답하는 시간을 주면 교사가 같은 내용을 반복해서 설명하는 일이 줄어듭니다. 동시에 다른 학생들이 같은 답을 여러 번 듣는 불편도 줄일 수 있습니다.

■ 4단계: 정리가 필요한 질문만 신중히 답하기

앞선 단계를 거친 후 남은 질문은 실질적으로 가치 있는 질문일 가능성이 높습니다. 이런 질문은 즉시 답하기보다는 회의를 거쳐 신중히 안내하는 것이 좋습니다. 확실하지 않은 내용을 섣불리 말했다가 추후 정정하기라도 하면, 학생들은 교사의 기준이 언제든 바뀔 수 있다는 잘못된 신호를 받을 수 있습니다. 교사의 말을 신뢰할 수 있다는 경험은 교실 전체 분위기를 더욱 안정시킵니다.

이러한 과정에서 중요한 것은, 교사의 설명과 학생의 질문이 이루어지는 교실 전체의 분위기입니다. 질문을 받을 때도, 아무 말이나 던질 수 있는 가벼운 분위기보다는 손을 들고 발언권을 얻어 자신의 말에 책임감을 느끼도록 하는 절차를 거치는 것이 좋습니다. 이렇게 하면 학생들은 자신의 질문과 발언이 수업에 의미 있게 작용하는 경험을 합니다.

❻ 자기 생각을 앞세워 교사의 주도권을 흔드는 학생

> "그럼, 남녀라도 따로 서서 가요."
> "교실 모둠대로 서는 게 나아요."

새 학기 첫 급식 시간, "오늘 급식 줄은 남녀 구분 없이 번호순으로 섭니다."라는 말이 떨어지기 무섭게 교실 곳곳에서 탄식이 쏟아집니다. 이렇듯, 학생들은 자신이 원하는 바를 얻기 위해 결정된 사항에 대해 다시 의견을 제시하며 교사의 주도권을 시험합니다. 이때 교사가 흔들리면 학생들은 '규칙이 상황에 따라 번복될 수 있다'는 학습을 무의식적으로 하게 됩니다.

◆ 교사의 단호한 말

> "혹시 지금 선생님이 질문했니?"
> "급식 줄을 어떻게 서면 좋을지 의견을 묻는 시간일까?"

이 말은 학생에게 '지금이 말할 수 있는 상황인지'를 스스로 판단할 기회를 줍니다. 교사가 목소리를 높이지 않아도, 되묻는 질문 한마디로 학생은 자신의 행동을 돌아보게 됩니다.

이 질문을 효과적으로 활용하기 위해서는 교사 스스로 '자유로운 의견 수렴'과 '단호한 지시'의 경계를 분명히 구분하여 일관된 신호를 줘야 합니다. 학생의 의견을 수용하지 않는다고 해서 잘못된 지도가 아닙니다. 이미 내린 교사의 결정이 특정 몇 명 학생에게 휘둘려 번복되는 상황이야말로 전체 학생에게 가장 불안한 환경을 조성합니다. 만약 목소리 큰 학생의 의견에 밀려 교사가 결정을 바꾼다면, 다른 학생들도 목소리를 높여야 결과가 바뀐다고 무의식적으로 학습하게 됩니다. 특히 의견 피력에 성공한 학생은 그 성공 경험을 기반으로 더 집요하게 교사의 권위에 도전하려 듭니다. 결국 교육적 의도가 담긴 교사의 결정이 학생들의 아우성 속에 흩어지며 교실의 질서가 무너지고 맙니다.

따라서 교사는 학급 전체의 공정과 안정을 위해, 한 번 내린 결정에 대해서는 흔들림 없는 단호함을 유지해야 합니다. 학생들이 이러한 교사의 태도를 권위주의로 느끼지 않고 기꺼이 수용하게 만드는 의사결정 루틴은 다음과 같습니다.

① 충분한 학생 의견 수렴

결정 전에 학생들에게 충분히 의견을 묻습니다. "어떻게 하는 게 좋을까?"와 같이 개방형 질문을 던지고, 학생들의 답변을 끝까지 경청합니다. 이 과정은 학생들에게 자기 생각이 존중받고 있다는 신호를 보내고, 의사결정 참여 경험을 제공하여 결정에 대한 심리적 수용도를 높입니다.

이때, 일부러 터무니없는 의견을 내거나 장난스러운 태도로 관심을 끌려는 학생에게는 단호히 선을 그어야 합니다. 분위기를 흐리는 시도를 즉각 제지하지 않으면 성실하게 참여하던 학생들의 의욕이 꺾이고 장난스러운 소수에게 분위기가 넘어갑니다. 교사는 경청하는 동시에, 장난스러운 태도에는 단호히 주의를 주어 건강한 대화의 장을 조성해야 합니다.

② 의견 검토 및 균형 맞추기

학생들의 의견을 수렴한 뒤, 실제로 실행했을 때 발생할 수 있는 문제나 부작용을 신중히 고려합니다. 단순히 '아이들이 원하니까'라는 이유에서 내린 결정은 장기적으로 학급 운영에 혼란을 줄 수 있기 때문입니다. 이는 교사가 학생들의 자율과 학급 질서 사이의 균형을 맞출 수 있는 중요한 단계입니다.

③ 최종 결정

학급 운영 원칙과 교육적 목표에 부합하도록 최종 결정을 내립니다. 이때 결정의 근거와 목적을 명확히 하고 이전 결정과도 일관된 맥락을 유지한다면, 학생들도 교사에게 명확한 기준이 있음을 알게 됩니다. 근거 있는 결정은 교사의 신뢰성을 강화합니다.

④ 결정 과정 설명

최종 결정 후, 학생들에게 이렇게 결정된 과정을 상세히 설명하면 결정 내용을 기꺼이 수용하는 태도가 길러집니다. 또한 교사의 일관된 기준과 신뢰성을 확인시켜, 학급 내에서 어떤 결정이든 존중하는 문화를 형성합니다. 교사의 결정을 신뢰하는 분위기가 형성되고 나면, 이 과정은 생략하거나 단순화할 수 있습니다.

❼ 담임교사와 교과전담교사 앞에서 모습이 다른 학생

[문제 상황을 전하는 학생들]

"영어 선생님께 우리 반이 너무 떠든다고 혼났어요."
"과학 시간에는 너무 말을 안 들어서 집중하기가 어려워요."
"음악 시간에는 왜 애들이 돌변하는지 모르겠어요."

교과전담교사가 수업할 때와 담임교사가 수업할 때 학생들이 사뭇 다른 모습을 보이는 경우가 있습니다. 초등학생은 대부분의 교과를 담임교사에게 배우기 때문에, 담임교사의 수업과 교과전담교사의 수업에서 보이는 태도의 차이가 더욱 두드러집니다. 왜 이런 차이를 보일까요?

① 교과 특성

대표적인 전담 교과인 영어·음악은 수업 특성상 말하기·게임·노래 등 활동 중심으로 이루어집니다. 이처럼 에너지를 발산하는 활동과 조용히 설명을 듣는 시간 사이에서 균형을 잡기란 어렵습니다. 교과 자체가 가진 특성에 학생들을 들뜨게 만드는 측면이 있음을 어느 정도 고려해야 합니다.

② 허용 범위 탐색

학생들은 교사마다 허용 범위가 다르다는 것을 금세 파악합니다. 담임교사는 생활지도까지 겸하느라 통제적이고, 교과전담교사는 수업 중심이라 사소한 문제행동에 다소 관대할 수 있습니다. 학생들은 이 차이를 이용해 교과 시간에 억눌린 에너지를 분출하기도 합니다.

③ 관계 형성의 차이(래포)

교과 시간에 몇 차례 지적을 받으면 완전히 반항적인 태도로 이어지기도 합니다. 이는 주당 2-3시간 정도 만나는 교과전담교사와 한 번 틀어진 신뢰를 회복할 만큼 래포를 쌓을 물리적 시간이 적기 때문입니다.

④ 영향력의 차이

학생들은 수업 외 시간과 학부모 소통까지 책임지는 담임교사의 영향력을 훨씬 더 크게 느낍니다. 이처럼 구조상의 필연적인 차이로 학생들은 교과전담교사보다 담임교사의 태도와 기준을 민감하게 살핍니다. 따라서 담임교사의 협조와 지원이 있어야 교과전담교사의 지도 효과도 극대화됩니다.

◆ 교사의 단호한 말

"지금부터 태도 점검표를 기록하겠습니다."

교과전담교사와 담임교사가 소통하지 않으면, 학생들은 정보 격차를 이용하여 담임교사가 세운 기준을 교과전담교사 앞에서는 모른 척 지키지 않습니다. 이때 구체적인 기준이 적힌 수업 태도 점검표를 활용해 기준을 준수하지 않았을 때 후속 조치를 명확히 안내하는 것이 좋습니다. 예를 들어 학급 전체 점수가 일정 기준 이하일 때는 모두 수업 태도에 대해 성찰하는 시간을 갖고, 개별적으로 지도가 필요하다고 명단이 전달된 학생은 담임교사가 상담을 진행하는 방식입니다.

이렇게 하면 학생들은 담임교사의 영향력이 교과전담교사에게까지 닿아 있음을 실감합니다. 따라서 태도 점검표를 통한 점검과 반복 연습을 통해 기준이 숙지 되면, 교과전담교사 앞에서도 눈에 띄게 행동이 교정되고, 교사는 매번 수업 태도를 다잡는 부담에서 벗어날 수 있습니다.

◆ 교사의 따뜻한 말

"너희가 훌륭하다는 걸 모두가 알았으면 좋겠어."
"너희가 누구에게나 사랑받고 칭찬받았으면 좋겠어."

담임교사의 수업 시간에 학생들이 보여 주는 바른 태도를 학생들의 진짜 모습으로 규정하고, 다른 시간에도 같은 모습이 나올 수 있도록 격려하는 말입니다. 이러한 접근은 스스로 잘할 수 있다는 학생의 자신감을 강화합니다. 또한, 교사의 관심과 믿음을 느낀 학생들은 단호한 지도에도 반발보다는 수용으로 반응하게 되며, 다른 상황에서도 자신의 태도를 조절하려는 동기를 갖게 됩니다.

더 나아가, 담임교사와 함께 설정한 허용 범위와 규칙이 학생들에게 안정적 기준으로 작용하면서, 이러한 긍정적 태도와 행동이 교과 수업 시간에도 자연스럽게 이어집니다.

더 알아보기 담임교사와 교과전담교사의 협력 전략

Q. 아이들이 오늘도 너무 시끄러웠다면서, 교과수업 시간 태도가 안 좋다고 전해 주네요. 지도해야 할 것 같은데 어떻게 하면 좋을까요?

Q. 교과전담 시간만 되면 시끄러워진다는 이야기가 들립니다. 특별히 교과 선생님이 지도를 요청하신 적은 없지만, 아이들 이야기를 듣고 한번 물어봐야 할까요?

교과전담 수업 시간의 태도 문제는 원칙적으로 그 수업을 맡은 교과전담교사의 책임입니다. 담임교사가 직접 목격하지도 않았거니와 담임교사의 권한 밖의 시공간까지 관리하려 들면 오히려 담임교사와 학생 사이의 신뢰가 흔들리고 교사의 불필요한 부담만 커집니다. 특히 누군가에게 전해 들은 정보만 가지고 지도하게 되면 억울한 학생이 생길 가능성도 큽니다.

그렇다고 완전히 모른 척하라는 뜻은 아닙니다. 여러 번 비슷한 정보가 전달되면 담임교사는 먼저 교과전담교사에게 현재 지도가 필요한 상황인지, 그렇다면 어떤 점을 같이 개선하고 싶은지 차분히 물어보고 협의하는 것이 좋습니다. 관찰 가능한 객관적 사실을 모아 공유하고, 개선 방향과 역할 분담을 함께 정할 때 비로소 지도 효과가 커집니다. 담임교사의 애정 어린 관심과 명확한 기준이 수업 간 태도 차이를 벌어지게 하지 않고 학생들의 전반적인 태도 개선에 긍정적인 영향을 줄 수 있습니다.

■ 교과전담 협력 루틴

담임교사가 교과전담 수업 태도 문제에 접근할 때, 담임교사와 교과전담교사의 협력을 극대화하고 기준의 일관성을 유지하기 위한 단계입니다.

1단계: 상황 객관화 및 확인

학생들이 교과 수업 시간에 수업권이 방해받았다고 신고할 경우, 담임교사는 가장 먼저 정보의 객관성을 검증해야 합니다. 학생들의 기준 역시 주관적이기 때문에, 한두 명의 불평만 듣고 과잉 지도하지 않도록 주의합니다.

2단계: 사실 기반의 교과전담교사 문의

교과전담교사에게 문제 상황에 대한 객관적인 사실을 문의합니다. 이때 학생들의 신고 내용을 그대로 전하기보다 담임교사의 지도가 필요한 지점이 있는지 묻는 형식으로 다가가면 좋습니다.

예1) 요즘 ○○ 시간에 아이들이 시끄럽다는 이야기가 여러 번 들려서요. 혹시 제가 지도할 부분이 있을까요?

예2) 조별 활동만 하면 몇몇 아이들이 소란스러워져서 흐름이 끊긴다고 하던데 선생님께서 보시기에 담임교사의 직접 지도가 필요한 상황일까요?

3단계: 개선 방향 협의 및 역할 분담

교과전담교사와 문제의 개선 방향을 정하고, 담임교사의 구체적인 지원 내용을 명시하여 지도 역할을 분담합니다.

예) 학급의 보상 시스템 연계, 학부모 소통 대행, 행동 변화 모니터링 등

4단계: 일관된 메시지 안내

두 교사 사이에 결정된 내용을 학생들에게 일관된 메시지로 안내하여 어떤 수업 시간이든 지켜야 할 기준이 동일하다는 점을 명확히 주지시킵니다.

■ 교과전담 수업 태도 점검표 예시

우리 반의 수업 태도 점수를 평가해 주세요 :)

♡ (매우 잘함), ◎ (잘함), ○ (보통), △ (노력 요함), X (지도 요망)

(6 -) 교과 시간 태도 점검표 (/ ~ /)					
날짜					
	월	화	수	목	금
1					
2					
3					
4					
5					
6					
칭찬 학생					
지도 필요 학생					
기타					

* 학생 이름이나 기타 사항은 특별히 없는 경우 안 적으셔도 됩니다.

3

자기 논리로 무장한 학생

초등 고학년 학생들은 발달 단계상 자기중심적 사고가 강해지는 동시에, 독립성이 급격히 발달합니다. 어른이 제시하는 기준을 무조건 수용하던 시기를 지나, 스스로 중요한 것과 그렇지 않은 것을 선별하기 시작합니다. 문제는 분류 기준이 지극히 주관적이라는 점입니다. 타인의 입장이나 공동체의 규칙보다 자신의 욕구를 우선시하며 자기만의 논리를 만듭니다. 따라서 이 시기 학생의 특성을 제대로 이해하지 못하면, 학생의 거센 방어 기제에 부딪혀 교사의 지도가 그대로 튕겨 나가고 맙니다.

이런 경우 교사는 여유를 가지고 학생의 논리 지형을 훑으며, 결정적인 허점을 포착하기 위해 먼저 학생의 이야기를 주의 깊게 들어야 합니다. 그다음으로, 교사의 날카로운 통찰력이 담긴 질문을 던집니다. 질문의 목적은 학생 스스로 자기 논리의 앞뒤가 맞지 않음을 직면하게 만드는 데 있습니다.

여기서는 학생의 불완전한 논리를 존중하면서도, 그 속에 모순을 스스로 발견하도록 돕는 교사의 대화 전략을 다룹니다.

❶ 자기 행동을 합리화하거나 변명하는 학생

> "재가 먼저 욕해서 한 거라니까요. 전 잘못 없어요."
> "그럼 참고만 있어요? 전 그렇게는 못 해요."

이 시기 학생은 자신의 행동을 정당화하는 논리를 단단히 구축하고, 교사의 지도에도 쉽게 변화하지 않습니다. 학급에서 발생한 문제 상황에서도 '내가 잘못한 게 아니다'라는 자기 논리를 근거로 행동을 합리화하여 책임을 회피하려고 합니다. 이때 효과적인 지도법은 '경청 후 질문하기'전략입니다. 학생이 이런 말과 행동을 하는 이유를 충분히 듣되, 시선을 응시하면서 대화의 주도권을 잃지 않습니다. 질문을 던질 때는 말끝을 내려 교사의 말에 무게를 싣는 동시에, 학생에게는 차분히 자신의 논리를 되돌아보게 합니다.

◆ 교사의 단호한 말

"네 행동은 상대방에 의해 결정되는 거야?"
"욕을 들은 사람들은 모두 너처럼 행동할까?"
"넌 네 행동을 스스로 선택할 수 있는 사람이야."

여기 소개한 말은 '정당방위'라는 학생 논리의 허점을 공략하기 위한 전략적 장치입니다. 우선 첫 번째 말을 통해 행동 선택의 주체가 본인임을 일깨워야 합니다. 외부의 자극과 내 반응 사이에는 '나'라는 주체의 능동적인 선택이 존재함을 시사하는 것입니다. 이어 두 번째 말로 넘어가 학생의 논리를 보편적인 상황으로 확장시키면, 자신의 반응이 '어쩔 수 없는 본능'이 아니라 '여러 선택지 중 하나'였음을 객관적으로 인식하게 됩니다. 끝에는 세 번째 말과 같이 학생을 주체적이고 독립적인 인격체로 명명하면 좋습니다. 이 과정을 거치면 학생은 자신의 행동이 스스로 선택한 결과이며, 그에 따른 책임이 오롯이 자신에게 있음을 깨닫게 됩니다.

학생은 자신이 잘못했다는 사실을 맞닥뜨리면 마음속에 불안이 생기기 때문에, '재가 먼저 했으니까 괜찮을 거야'처럼 상대에게 책임을 전가해 자기 행동을 정당화하려고 합니다. 이러한 정당화가 반복되면 책임감이 무뎌지고 도덕적 판단력이 흐려집니다. 이때 교사의 단호하고 정교한 질문은 학생의 자기 통제와 도덕적 사고를 길러 주며, 행동의 결과를 예측하고 더 나은 선택을 할 수 있는 기반이 됩니다.

◆ 교사의 따뜻한 말

"친구의 행동 때문에 화가 난 건 충분히 이해해. 화난 걸 무조건 참으라는 얘긴 아니야."
"참지 않고, 똑같이 대응하지도 않으면서 이 상황을 어떻게 해결할 수 있을까?"

지도의 원칙은 단호하게 전하되, 학생의 감정은 인정해 줘야 합니다. 친구의 거친 장난에 화가 나는 건 너무나 자연스러운 일이지요. 자신의 감정이 정상적이며 교사도 이해하고 있다는 사실은 학생에게 심리적 안정감을 가져다줍니다. 이 안정감은 학생이 방어적 태도에서 벗어나 자신의 행동을 성찰하도록 돕습니다. 이후 교사와 함께 과거의 자기 선택이 얼마나 적절했는지 검토하면서 학생은 언제나 다른 선택지가 있다는 점을 경험합니다. 이러한 경험이 반복될수록 학생은 감정을 조절하고 상황을 판단하는 힘, 즉 도덕적 사고력을 자연스럽게 키울 수 있습니다.

❷ 자신의 의견만 주장하며 타협하지 않는 학생

[문제 상황]
'호철'이라는 학생이 같은 모둠의 '은아'라는 학생에게 과제를 잘 수행하지 못한다고 지속적으로 핀잔을 주어서 '은아'가 울고 있는 상황.

호철: "저는 우리 모둠이 잘하게 하려고 방법을 찾은 것뿐이에요. 열심히 했는데 뭐가 문제예요? 은아는 그냥 가만히 서 있기만 했어요. 은아가 문제라니까요!"

팀별로 기초 기능을 연습하던 체육 시간에 발생한 일입니다. 교사의 주의에도 '호철'은 오히려 목소리를 높여 자기 행동을 정당화하고 자기 논리를 고집했습니다. 이 사례는 자기 목적이 정당하다는 이유로 타인의 상처를 외면하고 자기 논리로 무장한 학생의 전형적인 특징을 잘 보여 줍니다.

◆ 무심코 쓰기 쉬운 말

"호철아, 네가 잘못했잖아."
"왜 그렇게 말했어? 그건 네가 문제야."

단정적인 표현이나 잘잘못을 곧바로 판단하는 말부터 시작하면, 학생은 스스로 생각할 기회를 잃고 즉시 방어적으로 반응하게 됩니다. 특히 '호철'처럼 자기 논리에 확신이 강한 학생은 교사의 판단을 '내 입장은 들을 마음도 없는 공격'으로 받아들이기 때문에 적대감이 더욱 커지고 자기 주장을 공고히 하려는 방향으로 가기 쉽습니다.

단정적인 지도는 순간적으로는 교사가 주도권을 잡은 듯 보이지만, 실질적으로는 학생의 사고를 막아 성찰의 문을 닫아 버립니다. 문제의 본질을 돌아보기보다 교사의 말에 반박하는 데 집중시키기 때문입니다.

◆ 교사의 단호한 말

"친구들이 노력하지 않아서 문제가 된 걸까? 지금도 친구들이 가만히 서 있기만 하니?"
"열심히 하자고 한 네 말이 친구들에게는 어떻게 들렸을까? 다그치는 말로는 원하는 결과를 얻을 수 없어."

'호철'은 모둠활동이 잘 안 되는 이유를 '은아'를 비롯한 친구들의 태도 탓으로 확신하고 있었습니다. 그러나 막상 '호철'이 빠진 모둠의 연습 상황은 정반대였습니다. 모두가 적극적으로 참여하고 있었고, 이를 직접 본 '호철'은 순간 말문이 막혔습니다. 이때 첫 번째 질문은 '호철'의 확신에 균열을 내고, 지금의 상황을 있는 그대로 바라보도록 사고의 전환을 유도하는 데 중요한 역할을 합니다.

두 번째 질문은 단순히 '상황을 바로 보게 하는 것'을 넘어, 타인의 관점에서 자신의 말과 행동을 재평가하도록 사고의 범위를 확장합니다. 학생의 시선을 '문제의 원인 찾기'에서 '표현 방식의 부작용 이해하기'로 옮기는 질문이기 때문에, '호철'의 사고는 자연스럽게 '지금 무엇이 잘못되었는가'에서 '앞으로 어떻게 말해야 하는가'로 확장됩니다.

◆ 교사의 따뜻한 말

"선생님은 네가 잘하고 싶어 한 말이라는 걸 알아. 친구에게 상처를 줄 마음이 없었다는 것도. 그렇지만 친구들은 이해하기 어려울 수 있어. 은아한테 하고 싶은 말 있니?"

이 발문은 학생에게 자기 마음을 스스로 꺼내 볼 수 있는 작은 틈을 열어 줍니다. 앞서 교사의 단호한 질문으로 자신의 말이 어떤 결과를 만들었는지 이미 목격한 상태이기에, 방어적으로 변명하던 태도는 조금씩 누그러지고, 자신의 의도와 감정을 차분하게 표현하기 시작합니다.

이 과정에서 학생은 의도와 표현이 항상 같은 의미로 전달되지는 않는다는 사실을 자연스럽게 깨닫습니다. 이어 교사는 "그 마음을 친구가 더 편하게 들을 방법은 뭐가 있을까?" 같은 질문으로 학생이 더 나은 표현 방식을 스스로 찾아보도록 돕습니다. 교사는 학생의 감정을 단순히 '이해하는 것'에서 멈추지 않고, 그 감정을 오해 없이 전달하는 구체적인 말하기 방법을 함께 찾아주어야 합니다. 그 경험이 쌓일수록 학생은 관계 속에서 자신의 가능성과 따뜻함을 잃지 않고 성장하게 됩니다.

❸ 어른들을 평가하거나 깎아내리는 학생

"그 선생님은 원래 자기 편한 대로 생각해요."
"진짜 너무 억울해서 말이 안 나왔어요. 어떤 말을 해도 다 무시하고요."
"아직도 그 선생님만 생각나면 화가 나요."

방과후 수업 중, '철수'는 지난 학년 때 겪은 교사와의 갈등에 대해 이야기를 꺼냈습니다. '철수'는 당시 교사가 학급 질서를 바로잡는 과정에서 자신의 입장을 충분히 고려하지 않았다고 느꼈고, 거친 반응을 쏟아내다가 갈등을 빚은 것이었습니다. 결과적으로 교사와 '철수' 모두에게 깊은 상처가 남았습니다. '철수'는 다시 상처받고 싶지 않은 마음에 더 강한 표현과 거친 판단으로 교사는 물론 어른 전체를 폄하하며 방어적인 태도를 보이기 시작했습니다.

이런 상황에서 교사는 학생의 과거 경험에 동조하거나, 반대로 학생의 감정을 성급히 부정해서는 안 됩니다. 동조는 학생의 편향된 분노를 정당화시키고, 부정은 학생의 마음을 닫아 버리기 때문입니다.

이때 활용할 만한 교사의 말은, 학생이 자신의 속내를 털어놓을 만큼 교사를 신뢰하고 있는 상황을 전제로 합니다.

만약 아직 신뢰를 형성하기 전이라면, 서둘러 다가가기보다 안전거리를 확보하며 지켜보는 것을 추천합니다.

◆ 교사의 단호한 말

"그랬구나. 그런데 너 나한테도 그럴 거야?"
"선생님께 버릇없게 말하거나 행동하는 것은 어떤 경우에도 허용하지 않아. 그건 잘못된 태도야."

먼저 학생의 감정을 인정하면서도, 그 분노가 반항적 행동으로 정당화될 수 없다는 사실을 첫 번째 질문과 같은 방식으로 짚었습니다. '철수'의 사고에는 '선생님이 날 힘들게 했으니, 내가 반항하는 건 당연하다'라는 인식이 자리 잡고 있었습니다. 이 틈을 비집고 들어가려면 학생의 논리에 균열을 낼 질문이 필요합니다.

첫 번째 질문은 신뢰 관계가 형성된 교사에게도 같은 방식으로 행동할 수 있겠느냐는 물음입니다. 상대에 따라 행동이 달라지는 자신의 모습을 직면하게 함으로써 학생이 자기 행동을 객관적으로 성찰하도록 합니다. 별거 아닌 것 같은 질문 한 마디지만, '철수'는 자신의 행동이 과도했고, 분노를 표현하는 것으로 문제를 해결하지 못한다는 점을 조금씩 인식하기 시작했습니다.

또한 교사를 대하는 학생의 태도는 어떤 상황에서든 지켜져야 합니다. 이것이 불변하는 예의의 영역임을 두 번째 말로 분명히 짚어야 합니다. 이렇게 교사와 학생의 관계가 명확히 정립될 때, 교실 내 질서가 확립되고, 생활지도도 가능해집니다. 이처럼 교사의 단호한 말은 단순한 금지나 혼내기가 아닙니다. 명확한 기준을 제시하여, 학생이 책임 있는 행동을 선택하고 실천할 수 있도록 돕는 것입니다. 이를 통해 학생은 자기조절능력과 도덕적 사고력을 동시에 키울 수 있습니다.

◆ 교사의 따뜻한 말

> "만약에 선생님 말이 공정하지 않다고 느끼면 어떻게 할래? 선생님은 철수가 참지 말고 따로 와서 마음을 표현해 주면 좋겠어. 선생님도 네 말을 귀 기울여 들어 줄게."

'철수'는 교사의 단호한 기준을 이해했고, 이어진 질문에 '참겠다'고 답했습니다. 하지만 여기서 멈추면 실질적인 변화를 기대하기 어렵습니다. 이렇게 되면 분노를 터뜨리거나 참는 2가지 선택지만 있다고 생각하며, 처음 몇 번은 참다가도 결국 익숙한 분노 터뜨리기를 반복하기 때문입니다.

따라서 학생의 약속을 받았다고 대화를 끝내는 것보다는

감정을 안전하게 표현할 다른 방법을 제시하고, 나아가 교사와 소통할 기회를 함께 마련하는 것이 필요합니다. 이처럼 단호함 뒤에 덧붙인 작은 안내와 공감은, 학생이 자신의 감정을 안전하게 표현하면서 동시에 책임 있는 행동을 선택하도록 돕습니다. 학생의 내면에 긍정적인 변화를 불러오는 정서적 마무리 역할을 하는 것입니다.

'철수'는 이후 버릇없는 태도를 보이지 않았습니다. 하고 싶은 말이 있을 때는 "선생님, 저 드릴 말씀이 있어요." 처럼 예의 있게 표현했으며, 교사는 학생의 이야기를 성심껏 듣고 서로 존중하는 대화를 이어 나갔습니다.

거칠게 말하고 행동하는 학생은 어쩌면 교사의 관심과 신뢰를 더욱 필요로 하는 경우가 많습니다. 그 마음이 진심과 다르게 표현될 때, 교사는 단호하게 잘못된 행동을 짚어주고, 바르게 표현하는 방법을 알려 주어야 합니다. 이 과정은 학생이 어른을 신뢰하고, 안전하게 자신의 감정을 표현하는 첫걸음이 됩니다.

❹ 친구에게 무관심한 학생

> "친해지고 싶은 애가 한 명도 없어요."
> "저는 그냥 혼자가 편해요."

교실에는 유독 친구 관계에 무관심하거나 부정적인 반응을 보이는 학생이 있습니다. 정말 혼자 있는 것을 즐기는 경우도 있지만, 그 속내를 들여다보면 복잡한 심리적 기제가 작동하는 경우가 많습니다. 관계에 선을 긋는 이유는 다양합니다. 과거 친구 관계에서 입은 상처 때문일 수도 있고, 갈등을 해결할 에너지가 부족하기 때문일 수도 있으며, 해결 시도가 거절당할지도 모른다는 두려움 때문일 수도 있습니다. 어떤 이유에서든 학생은 '상처받지 않기 위해 먼저 거리를 두는 것'을 가장 안전한 선택으로 여깁니다. 즉 친구가 필요 없는 척하며 자신을 보호하는 것이지요.

문제는 이러한 관계의 단절이 학생의 성장을 가로막는다는 점입니다. 또래와 함께하며 긍정적인 경험을 쌓을 기회를 스스로 차단하기 때문입니다. 시간이 흐를수록 고립감은 깊어지고 자신의 선택에 대한 자책과 회의감으로 이어질 수 있습니다. 따라서 교사는 학생을 '혼자가 편한 아이'

로 섣불리 판단하기보다, 학생의 심리를 이해하면서도 자신의 개입이 필요할지 살펴보아야 합니다.

◆ 교사의 단호한 말

"네가 마음의 문을 굳게 닫고 있으면, 아이들과 더 멀어질 거야. 졸업할 때까지 이렇게 지내도 괜찮겠어?"

이 말은 단순히 친구들과 어울려야 한다는 지시가 아닙니다. 학생이 지금 선택하는 행동이 장기적으로 어떤 결과를 가져오는지 구체적으로 인식하도록 돕고, 스스로 행동을 조정할 기회를 제공하는 교육적 안내입니다.

보통 이런 학생은 감정 조절이 서툴러 기색이 밖으로 잘 드러나기 때문에, 차가운 말투와 심드렁한 표정이 다른 학생들에게 모두 전해졌을 가능성이 큽니다. 따라서 위와 같은 말로 학생의 현재 행동이 자신과 주변에 미치는 영향을 분명히 보여 주고, 자발적인 판단과 책임 있는 행동을 유도해야 합니다.

◆ 교사의 따뜻한 말

"네가 마음을 조금씩 열면, 너도 모르는 새 친구들과 가까워져 있을 거야. 천천히 해도 괜찮아."

교사가 제시하는 방향으로 학생을 무작정 이끄는 것은, 설사 장기적으로 도움이 된다 해도 학생에게 부담으로 다가올 수 있습니다. 따라서 바람직한 행동 방향을 안내하되, 압박감 없이 자기 속도에 맞춰 변화할 수 있도록 기다리고 지원하는 것이 필요합니다.

또한 아주 작은 변화로도 긍정적 미래를 그릴 수 있다는 신호를 제공하면, 학생은 자연스럽게 자기 행동을 조절하고 여태까지와 다른 선택을 할 동기를 얻게 됩니다. 이 한마디는 단순한 격려가 아니라, 학생 스스로 판단하고 행동하도록 돕는 따뜻한 안내입니다.

더 알아보기 교우관계가 어려운 학생 지도를 위한 가정과 협력 전략

고학년일수록, 특히 여학생일수록 교우관계는 민감한 문제입니다. 교우관계 설문지에서 일관되게 거리두기·고립 양상이 나타나거나 교사의 개입에도 해당 문제가 완화되지 않는 경우 가정과의 협력을 고려하는 것이 좋습니다. 가정의 이해와 지지가 더해지면 학생의 마음이 안정되고, 학교에서 마련한 사회적 경험도 효과를 발휘하기 시작합니다. 결국 가정과 학교가 같은 방향으로 지도할 때, 고학년 학생의 정서 회복과 관계 형성은 탄력을 얻습니다.

■ 가정 상담 시 전달해야 할 핵심 포인트

① 현재 상황과 교사의 우려 전달

"요즘 주현이가 친구들에 대해 거리를 두는 모습이 조금 반복되고 있어서요. 지금 당장 문제가 크다는 의미는 아닙니다. 다만 이 상황이 오래가면 아이가 더 힘들어질 수 있어서 미리 예방 차원에서 연락드렸습니다."

예방적 차원의 연락임을 명확히 전하면 학부모는 '문제

가 생겼다'고 받아들이기보다, 교사와 협력하는 자세로 상담에 참여하게 됩니다. 초기 신뢰 형성에 매우 효과적인 접근입니다.

② 학교에서의 지도 방향과 의도 공유

> "주현이가 거리감을 적게 느끼는 친구들과 같은 모둠에 편성하고 있으며, 친구와 함께 하는 긍정적인 경험을 할 수 있도록 학급 활동을 계획하고 있습니다."

교사가 어떤 근거로 상황을 판단하고 있는지, 어떤 활동과 관찰을 이어 갈 계획인지 알려 주는 것은 학부모에게 큰 안정감을 줍니다. 구체적인 정보 전달은 교사의 전문성을 보여 주고 '내 아이가 학교에서 안전하게 지지받고 있다'는 신뢰를 형성합니다.

③ 일관된 지도 요청

> "가정에서도 친구들에 대해 부정적인 이야기를 할 때, 너무 단정적으로 받아들이기보다 '다른 경험도 있을 수 있다'는 방향으로 부드럽게 안내해 주시면 좋겠습니다."

학교와 가정이 같은 메시지를 전달하면 학생의 정서 균

형은 빠르게 회복될 수 있습니다. 양쪽에서 일관된 시선을 보여 주는 것만으로도 학생은 관계를 다시 만들 힘을 얻습니다.

④ 상담 후 확인 및 지속적인 정보 공유 요청

"집에서 보이는 행동이나 말에 변화가 있다면 편하게 알려 주세요. 저도 오늘 나눈 이야기를 바탕으로, 주현이의 변화를 좀 더 세심하게 지켜보겠습니다."

상담 이후 서로의 관찰을 공유하는 과정은 다음 단계의 지도를 세우는 데 핵심적인 역할을 합니다. 이러한 협력은 상담을 일회성 절차로 끝내지 않고, 학생의 성장을 함께 설계하는 지속적 과정으로 만들어 줍니다.

❺ 수업 중 의식의 흐름대로 질문하는 학생

> (한참 수업 중 상황에서) "몇 쪽이에요?"
> "다른 학교도 그렇게 해요? 우리 학교만 하는 거예요?"
> "아까 뭐라고 하셨죠? 못 들었어요."

어떤 학생은 수업 중 떠오르는 생각을 곧바로 말로 옮기며 질문을 이어 갑니다. 이미 안내한 내용도 다시 묻고, 수업 흐름과 관련 없는 질문을 할 때도 많습니다. 이는 '내가 지금 궁금한 것이 우선'이라는 자기 논리에 따라 행동하는 학생들에게서 자주 보이는 특징입니다. 이런 학생은 자신이 질문함으로써 수업의 흐름이 끊기거나 다른 친구들의 집중력이 흐트러지는 상황을 잘 인지하지 못합니다. 인지하더라도 '모르는 걸 묻는 게 뭐가 나빠?'라며 정당화하곤 합니다. 하지만 호기심이라는 명목 아래 반복되는 무분별한 질문은 결국 타인의 학습권을 침해하는 결과를 초래합니다. 따라서 교사는 학생의 질문 내용을 평가하기에 앞서, 질문의 방식과 시점에 대해 분명한 선을 그어 주어야 합니다.

◆ 교사의 단호한 말

학생 개인을 향한 말

"수업 시간에는 손을 들고 발언권을 얻고 말해야 해."
"말하기 전에 3번은 생각하고 말해 보자."

이 문장을 통해 교사는 '손 들고 말하기'라는 분명한 원칙을 제시하고, 여기에 '3번 생각하기'를 더해 발화 전 스스로 점검하는 루틴을 만듭니다. 말하기 전에 어떤 점검 기준으로 생각하면 좋을지를 안내하는 것도 학생들이 생각을 정리하는 데에 도움이 됩니다. 추천하는 기준은 다음과 같습니다.

① 지금 꼭 필요한 말인가: 지금 하지 않으면 안 되거나 학습에 직접 도움이 되는지 확인합니다.
② 모두에게 관련된 내용인가: 개인적 호기심인지, 전체 수업 흐름에 도움이 되는 질문인지 구분하게 합니다.
③ 이미 다룬 내용인가: 개인이 집중하지 못해 놓친 부분인지 스스로 되짚게 합니다.

이 3단계의 점검이 자리 잡으면, '떠오른 대로 말하기'는 '멈춤-점검-표현'의 루틴으로 바뀝니다. 이 과정이 반복되면 학생은 발화 속도를 조절하는 힘을 기르고, 교실의 분위기 역시 한결 차분해집니다. '3번 생각하기' 안내는 학생의 언어 습관과 자기조절 능력을 함께 키우는 효과적인 전략입니다.

> 학급 전체를 향한 말
>
> **"적절하지 않은 말에 대답하면 더 자주 묻게 돼. 답하지 않는 게 도와주는 거야."**

이는 학급 전체의 학습 질서를 강조하는 지침입니다. 한 학생의 즉흥적인 질문에 친구들이 무심코 답하면, 잘못된 질문 행동이 강화되고 수업 흐름이 반복적으로 끊기게 됩니다. 따라서 교사는 환경 자체를 차단해야 합니다. 단순히 "대답하지 마라"는 금지가 아니라, 답하지 말아야 하는 이유를 명확히 설명하여 학급 전체가 지켜야 할 학습 질서를 강조해야 합니다. 이렇게 지도하면 해당 학생은 즉각적인 반응을 얻지 못하게 되고, 점차 불필요한 질문의 빈도를 줄입니다. 이는 행동주의 학습이론에서 말하는 '강화 차단' 효과를 이용하는 것입니다.

⑥ 습관적으로 부정적인 말을 하는 학생

> "이거 꼭 해야 해요?"
> "아… 하기 싫다…."
> "하… 아니에요."

고학년 교실에서는 말투와 태도가 이미 자기 논리로 굳어져 있는 학생을 자주 만나게 됩니다. 이런 학생은 교사의 지시를 따르고 싶지 않은 이유나 교사의 지시를 따라서 생기는 불편함을 스스로 합리화하며, 그 감정을 곧바로 말로 표현하는 경향이 있습니다. '내가 느끼는 불편함이 우선이다'라는 자기중심적 기준 때문이지요.

이런 습관적 부정 발화는 주변 친구들의 집중력을 흐트러뜨리고 학급 분위기를 쉽게 소극적·냉소적으로 만들 수 있습니다. 교사가 준비한 수업 흐름이 끊기고, 이런 과정이 반복되면 교사의 의욕도 점점 떨어지지요. 따라서 '학생이 그럴 수도 있지' 하고 넘기기보다는, 지도해야 할 언어 습관으로 인식할 필요가 있습니다.

◆ 무심코 쓰기 쉬운 말

"왜 하기 싫어? 좀 줄여 줄까?"
"그럼 이번엔 그냥 넘어갈까?"

과도하게 감정을 읽거나 달래는 방식은 오히려 학생의 잘못된 논리를 강화할 수 있습니다. 고학년은 '내 감정이 중요한 만큼, 다른 이의 감정이 중요하다'는 사회적 기준을 배워야 하는 시기입니다. 그러므로 교사는 학생의 불평을 무조건 수용하는 경청을 경계해야 합니다. 이 상황에서 교사에게 필요한 것은 학생의 부정적인 말 속에 숨겨진 사고체계를 파악하기 위한 전략적 경청입니다. 개별 상담을 통해 그 이면을 들여다보며, 학생의 부정적 발화가 단순한 습관인지, 실패에 대한 두려움인지, 혹은 회피를 통해 이득을 노리는 것인지 원인을 파악해야 합니다. 학생의 논리 구조를 확인했다면, 이후에는 분명한 기준을 세우고 불필요한 부정 발화가 습관이 되기 전에 단호하게 차단해야 합니다.

◆ 교사의 단호한 말

"잠깐, 방금 하기 싫다고 했니?"
"그 말은 친구와 선생님을 존중하지 않는 말이야."

첫 번째 질문은 아이의 답을 듣기 위한 것이 아닙니다. 교사의 입을 통해 학생의 불평을 공적인 질문으로 변환하여 자신의 발화가 학급에 미치는 영향을 즉각적으로 인지시키고, 스스로 멈추게 하는 역할을 합니다. 이 같은 단호한 지도는 다음과 같은 2가지 이유로 필수적입니다.

첫째, 열심히 수업에 참여하려는 친구들을 존중하지 않는 말이기 때문입니다. 노력하는 친구들의 의지까지 가볍게 만들어 학급 전체의 수업 태도가 쉽게 하향 평준화됩니다.

둘째, 방치하면 교사의 교육활동을 존중하지 않는 태도로 이어지기 때문입니다. 수업은 교사가 고민하고 준비한 정성의 결과물입니다. 이때 학생의 반복되는 부정 발화와 무시하는 태도는 교사에게 상처와 피로를 쌓이게 합니다. 따라서 교사와 학생 사이에는 건강한 거리감과 상호 존중이 필요합니다. 그 출발점은 학생에게 '하면 안 되는 말'의 기준을 분명히 안내하는 것이며, 단호함은 이러한 기준을 세우고 지켜나가는 핵심 원칙으로 작용합니다.

◆ 교사의 따뜻한 말

"열심히 하고 나서, 충분히 생각하고 나서 하는 이야기는 선생님이 들어 줄 거야."

이 말의 핵심은 부정적인 감정을 부정하지 않는다는 점입니다. 즉흥적으로 느낀 불만이 아니라 경험과 성찰을 바탕으로 한 말은 환영한다는 메시지를 전달합니다. 교사가 '들을 준비가 되어 있다'라는 태도를 보이면, 학생은 존중을 경험하게 됩니다. 이런 분위기는 학급 전체로 확산하여, 서로의 말과 감정을 가볍게 내던지지 않고 존중하는 문화를 만드는 밑거름이 됩니다. 동시에 학생은 자신의 감정을 언제, 어떻게 표현해야 하는지 배우며, 교실 안에서 건강한 소통 방식을 익힐 수 있습니다.

❼ 자신만 부당하게 대우받는다고 불만을 표현하는 학생

> "왜 저만 가지고 그러세요?"
> "선생님, 왜 저만 미워하세요?"

이 시기 학생들은 자신에게 불리하게 느껴지는 상황을 곧바로 '부당하다'고 해석하는 경향을 보입니다. 교사의 객관적 지도가 '개인을 향한 공격'으로 받아들여지는 이유가 여기에 있습니다. 자신만 지적받았다며 교사의 대우가 불공정하다고 느끼는 순간, 학생은 방어적으로 되고 감정적으로 반응하게 됩니다.

◆ 교사의 단호한 말

> "너라서가 아니라, 네 행동에 대해 말하는 거야."
> "선생님은 누구에게나 같아. 그 행동은 안 돼."

여러 상황에서 지적을 받는 학생은 각 지적을 '고쳐야 할 행동'이 아니라 '난 선생님께 매일 혼나'라는 식으로 받아들이기 쉽습니다. 이렇게 되면 마음속에서 '선생님은 날 싫어해'라는 오해가 생기고, 지도 자체가 방해받을 수 있습니다.

따라서 교사는 행동과 사람을 분리해 안내해야 합니다. 이 접근은 불필요한 감정적 오해를 줄이고, 학생이 현재 문제 상황을 있는 그대로 직면하도록 돕습니다. 결과적으로 학생은 지도를 객관적으로 받아들이며, 자신의 행동을 성찰하고 개선할 수 있습니다.

또한, 교사가 누구에게나 동일한 기준으로 지도한다는 점을 명확히 전달하는 것이 중요합니다. '공정하게 대우받고 있다'는 느낌은 학생의 신뢰를 형성하고, 자기 행동을 점검하게 하는 중요한 기반이 됩니다. 동일한 문제행동에 누구든 동일한 책임을 지도록 하면, 학생은 교사의 기준이 자신에게만 적용되는 것이 아님을 이해합니다. 결과적으로 이러한 공정한 지도는 학급 전체의 상향 평준화를 이끌며, 수업 참여와 학습 태도 역시 안정적으로 향상시킵니다.

◆ 교사의 따뜻한 말

> "그렇게 느꼈구나. 선생님은 네가 잘하는 순간을 칭찬해 주고 싶어서 널 관심 있게 보고 있어. 선생님이 곧 칭찬할 수 있겠지?"

사랑의 반대는 무관심이라고 합니다. 교사가 학생을 지도하는 모든 순간에는 관심이 바탕에 깔려 있습니다. 학생은 대화 맥락을 읽어 내는 데 서툴러 쉽게 오해하기 때문에,

관심을 지속적으로 보여 줘야 비로소 지도 내용을 이해할 수 있습니다.

선생님이 날 관심 있게 바라보고 있다는 사실을 인지하는 것만으로도 교사를 대하는 학생의 시선이 달라집니다. 여기에 일관된 태도의 지도가 더해지면, 학생은 교사의 관심과 지도가 '나의 성장과 변화를 위한 것'임을 느끼며 신뢰감을 쌓습니다. 그 결과 교사의 지도가 고마워지고, 학생은 스스로 교사에게 잘 보이고 싶다는 마음을 갖게 되며, 행동 개선까지 자연스럽게 이어집니다.

❽ 좀처럼 학습 과제를 시작하지 못하거나 완성을 못 하는 학생

> "아직 생각 중이에요."
> "고민하고 있어요."

학생이 대부분의 과제를 시작하기 어려워하거나 제 시간 안에 완성하지 못하는 이유는 과제 수행에 자신이 없어서가 아니라, 교사의 기준보다 자신의 내적 기준을 앞세우기 때문입니다. 이러한 행동에는 몇 가지 이유가 있습니다.

먼저 완벽주의적 성향 때문일 수 있습니다. '완벽하게 하지 않으면 의미가 없다'는 생각 때문에 시작조차 어렵거나 시작해도 계속 수정하며 시간을 허비하게 됩니다. 이전 실패 경험이 반복되며 쌓인 학습된 무기력과 낮은 자기효능감 역시 과제를 미루는 원인이 됩니다. '노력해도 소용없다'는 생각은 방어 기제로 작용하기도 합니다. 여기에 과제 계획력, 집중력, 실행력의 부족이나 과제의 의미를 충분히 이해하지 못하는 상황까지 겹치면, 학생은 어디서부터 어떻게 시작해야 할지 막막해하며 외부 안내 없이는 과제를 수행하기 어려운 상태가 됩니다. 결국 학생은 자신의 논리와 경험에 갇혀 과제를 지연하거나 미완성 상태로 남기게 됩니다. 따라서 학생의 특성과 학습 습관을 바탕으로 한 맞춤형 지도가 필요합니다.

◆ 교사의 단호한 말

"10분 남았습니다."
"이제 색칠할 시간입니다. 아직 스케치 중인 친구는 서둘러 마무리 해 주세요."
"지금 완성하지 못하면, 다음 시간에 이어서 마무리할 거야."

과제를 시작하지 못하는 학생에게는 단순한 재촉보다 단계가 분명한 안내가 더 큰 힘이 됩니다. 학생은 긴 시간 동안 해야 하는 과제 앞에서 '어디서부터 어떻게 해야 할지' 몰라 멈춰 서기도 합니다. 이때 교사는 학생의 심리적 부담을 이해하고, 과제의 단계를 잘게 나누어 시간과 목표를 구체적으로 제시해야 합니다.

첫 번째와 두 번째 말처럼 구체적으로 안내하는 말은 학생이 해야 할 일을 명확히 인식하게 도와줍니다. 특히 각 단계의 예상 소요 시간을 안내하면, 스스로 계획하기 어려운 학생에게 실질적인 도움이 됩니다. 단호한 어조로 남은 시간을 알려 주는 것만으로도, 학생은 '무엇을 해야 할지' 불안을 덜고 행동으로 옮기게 됩니다.

단호함은 학생이 회피할 경로를 차단하는 태도에서 나옵니다. 세 번째 말과 같이, 주어진 과제는 반드시 완수해야 한다는 기준을 세우는 순간, 학생들의 태도는 달라집니다. 교사가 과제의 시작부터 완성까지 끈질기게 확인하고, 계속 이어서 끝마칠 수 있도록 이끈다면 학생은 '실패가 두려워 아무것도 하지 않는 선택'이 더 이상 통하지 않는다는 사실을 깨닫게 됩니다. 그때부터 학생은 완벽한 결과를 내기보다 끝까지 시도하는 선택을 합니다. 교실의 원칙을 분명히 세우는 교사의 단호함은 학생의 마음속 벽을 허무는 첫걸음이 되기도 합니다. 물론 단호한 지도 후에 중간중간 "완벽하지 않아도 괜찮다"는 메시지를 전달하는 것도 학생에게 큰 힘이 됩니다.

⑨ 친구들을 함부로 평가하는 학생

"걔네가 문제예요."
"명호랑 미진이 때문에 반 분위기가 안 좋아요. 선생님이 엄하게 좀 지도해 주세요."

학급에는 자신만의 잣대로 교실 상황을 분석하고, 심지어 교사의 지도 방식에 대해서도 서슴없이 조언하는 학생들이 있습니다. 얼핏 학급 분위기를 걱정하는 정의로운 마음처럼 보이기도 합니다. 하지만 이면에는 자신의 논리로 친구들을 평가하고, 교사의 고유한 지도권에 개입하려는 태도가 숨어 있습니다. 이때 교사는 어설픈 동조 대신, 학생이 경계선을 넘지 않도록 단호하게 차단해야 합니다.

◆ 교사의 단호한 말

"네가 지금 친구들을 평가하고 있다는 거 알고 있니?"
"네가 본 사실만 이야기해. 판단은 선생님이 할게."

학생들은 관찰하는 동시에 자기 논리로 평가까지 내리기 때문에, 자신의 말에 주관적 판단이 담긴다는 사실을 잘 의식하지 못합니다. 이때는 구체적인 질문을 던져 자신이 한 말이 '사실'인지 '평가'인지 스스로 구분하게 해야 합니다.

이렇게 객관적인 사실과 주관적인 평가의 차이를 인지시킨 후에는, 적절한 말하기 방법을 안내해야 합니다. 자신이 직접 보거나 겪은 '행동'에 대해서만 말하도록 지도하는 것이지요. 학생의 주관이 섞인 평가는 교사가 상황을 객관적으로 파악하는 데 방해가 될 뿐만 아니라, 동료 학생을 낙인찍는 위험을 초래하기 때문입니다.

또한 어떻게 지도해 달라고 요구하는 것 역시 교사의 지도권을 침해하는 행위라는 점도 명확히 짚어 주어야 합니다. 교사의 지도가 특정 개인의 요구에 휘둘리면 학급 운영은 중심을 잃고 학생들에게 혼란만 줄 뿐입니다. 학생이 전할 수 있는 말은 객관적인 사실과 거기에 대한 자신의 감정까지입니다.

4

또래 시선에 갇힌 학생

또래의 시선에 지나치게 의존하는 학생은 어느 순간 주관을 잃을 수 있습니다. 자기 생각보다 다수의 의견을 따르고, 진심보다 분위기를 우선시하며, 관계를 위해 본래의 내 모습을 숨기기도 합니다.

이때 교사는 단순한 관찰자가 아니라 관계의 조정자로서 역할을 해야 합니다. 특정 또래 관계에만 치우친 좁은 시야를 다수의 다른 관계까지 시선을 넓히고, 학생이 자신의 목소리를 낼 수 있는 공간을 만들어 주어야 합니다. 특정 편을 드는 것이 아니라, 학급 전체의 관계 균형을 회복하고 건강한 학급 문화를 만드는 데 초점을 맞춰 개입하는 것입니다. 이를 통해 학생들은 서열과 인기의 질서가 아닌, 존중과 배려의 질서 속에서 성장할 수 있습니다. 여기서는 또래 시선에 흔들리는 학생의 특성을 바탕으로 교사가 학급 내 관계의 중심을 조정하는 전략을 다룹니다.

❶ 수업에 적극적으로 참여하지 않고 친구 눈치를 보는 학생

> 교사: "지난 시간에 배운 내용을 한번 떠올려 볼까요? 발표해 볼 친구?"
> 학생: "…."

서로 발표하려고 손을 드는 저학년, 중학년과 달리 고학년은 수업 참여도가 낮은 편입니다. 또래의 시선을 의식하며 말하기를 주저하기 때문입니다. 특히 학기 초에는 서로 낯설고, '틀리면 어떡하지?' 하는 불안감이 큰데, 이 분위기가 그대로 굳어져 소극적인 수업 태도로 이어지기도 합니다. 결국 학생들은 자신의 생각을 표현할 기회를 놓치고, 다양한 의견을 들으며 배울 기회도 잃게 됩니다.

◆ 무심코 쓰기 쉬운 말

> "아는 사람은 전부 손 들어."
> "서로 눈치 볼 거 없어. 손 들어 보자."

행동 통제를 위한 지시형 발화는 잠시 교실을 정리하는 데는 효과적일 수 있습니다. 하지만 수업 참여를 끌어내는 데는 한계가 있습니다. 수업 참여는 학생이 스스로 의미를 느끼고, 목소리를 내고 싶어 할 때 지속되기 때문입니다. 당연하게도 강한 지시는 학생의 거부감을 일으킵니다.

◆ 교사의 단호한 말

"의미 있는 수업은 선생님 혼자 만들 수 없어. 너희가 적극적으로 참여해야 완성되는 거야."
"네가 틀리면 다른 친구도 틀릴 수 있는 거야."

학생들은 수업에 대해 쉽게 '좋다, 나쁘다'고 평가하곤 합니다. "교사가 더 재미있게 해 줬으면 좋겠다"는 말도 아무렇지 않게 합니다. 하지만 학생은 수업을 평가하는 사람이 아니라, 수업에서 배우는 주체라는 점을 분명히 할 필요가 있습니다. 좋은 수업은 학생이 적극적으로 참여하고 여러 생각을 나누면서 학습 목표를 달성하는 수업이기 때문입니다.

첫 번째 말로 학생들에게 수업의 주인의식을 일깨워 줄 수 있습니다. 내 참여도에 따라 학습 효과가 달라지며, 각자의 행동이 수업 흐름과 결과에 직접 영향을 미친다는 사실을 깨닫도록 하는 것이지요. 또래 시선을 의식해 침묵하던 학생들이 주체성을 가지고 자기 목소리를 내기 시작하면, 소극적이던 분위기도 서서히 변합니다. 이전에는 발표하는 친구들을 의아하게 바라보거나 잘난 척한다고 놀리는 시선이 있었다면, 모두가 적극적으로 참여하는 분위기에서는 발표하지 않는 친구들이 오히려 드물어집니다. 이러한 상향 평준화가 이루어질 때, 학생은 참여하면서 느끼는 즐거움과 성취감을 통해 자연스럽게 자신감을 얻습니다.

학생이 발표를 망설이는 데는 틀렸을 때 깔보거나 놀릴 친구들의 시선을 의식하는 이유가 있습니다. 그래서 교사는 두 번째 말처럼 '틀려도 괜찮다'라는 안전한 분위기를 만들어야 합니다.

'틀림은 부끄러움이 아니라 배움의 기회'라는 말은 다양한 경로로 들을 수 있는 말이지만, 첫 발표를 끌어내는 데 이처럼 확실한 지도도 없습니다. 이때 중요한 것은 교사의 태도만이 아닙니다. 듣는 학생들의 반응도 결정적입니다. 만약 한 학생의 발표가 틀렸다며 비웃거나 놀리는 친구가 있다면 단호하게 주의를 주어 적극적인 참여 분위기를 유지해야 합니다.

② 수업 흐름을 끊는 학생

> "얘기하고 싶으니까 하죠. 내 입인데 말도 못 해요?"
> "왜 선생님만 말할 수 있어요?"

수업 시간에도 돌아다니거나 친구와 이야기를 이어 가며 흐름을 끊는 학생이 있습니다. 교사가 조용히 지도하려는 순간 위와 같은 반응을 보이며 상황을 더 어렵게 만들기도 합니다. 이때 교사가 즉각적으로 제지하거나 크게 꾸짖는 방식만으로는 문제행동이 조절되지 않습니다. 수업 흐름을 지키면서도 학생이 스스로 행동을 조절하도록 만들려면, 지시와 통제가 아닌 다른 형태의 접근이 필요합니다.

◆ 무심코 쓰기 쉬운 말

"또 시작이야? 왜 아직도 떠들고 있어?"
"도대체 몇 번을 더 말해야 조용해질래?"
"아휴, 진짜… 너 때문에 수업이 안 돼."

언뜻 보면 상황을 바로잡기 위한 자연스러운 지도로 보이지만, 이 말들에는 교사의 짜증, 피로 등 감정적 반응이 미묘하게 섞여 있습니다. 자율성과 독립성이 강해지는 고학년에는 이런 말이 통제나 압박으로 받아들여지기 쉽습니다. 특히 자신의 선택권이 무시당한다고 느끼는 순간, 학생은 교사의 지도 자체에 반발하거나 관계 형성 자체를 거부하는 쪽으로 기울게 됩니다. 즉 교사의 감정 섞인 대응은 교사의 지도를 자신과의 대결 구도로 전환시키는 계기가 되며, 문제행동이 오히려 강화되는 결과를 낳습니다.

◆ 교사의 단호한 말

"다른 친구들은 널 어떻게 생각할까?"
"다른 친구들은 준비가 다 됐는데, 어떡하지?"

이 말의 핵심은 상황의 축을 '교사 vs. 학생'에서 '학생 vs. 학생'의 관계 맥락으로 전환하는 구도 바꾸기 전략을 사용하는 것입니다. 교사의 직접적인 지시나 통제가 아니기에 반발심이나 저항감이 생길 확률이 낮습니다.

첫 번째 말을 했을 때 학생은 교사의 판단보다 또래 집단의 시선을 먼저 의식해 자신의 행동을 보다 객관적으로 성찰합니다. 이는 교사의 권위를 내세워 학생의 본능적인 거부감을 일으키지 않으면서도 학생 스스로 문제를 직면하도록 심리적 전환을 유도합니다.

두 번째 말은 수업을 기다리는 학급 전체의 분위기를 빌려 집단에 대한 학생의 책임감을 부여합니다. 고학년 학생은 교사에게 반항할 명분은 있어도, 또래 관계에 부담되는 상황은 피하고 싶어 합니다. 즉 친구들의 시선을 의식하게 하여 자발적인 자기조절로 나아가게 하는 사회적 압력을 형성합니다. 결과적으로 이 전략을 통해 교사의 지도를 '권위적 통제'가 아니라 '교실을 지키기 위한 정당한 지도'로 받아들이게 만듭니다.

◆ 교사의 따뜻한 말

"선생님은 네 마음 알아. 친구들을 방해하려고 한 건 아니었잖아."

고학년 학생은 자신의 행동이 잘못되었다는 사실을 깨닫는 순간, 종종 억울함, 두려움이 올라오는 경우가 많습니다. 이때 교사가 학생의 의도가 나쁘지 않았다는 점을 먼저 인정해 주면 학생의 긴장감이 크게 낮아집니다. 이러한 정서적 안정감은 교사의 지도를 '혼내기 위한 말'이 아니라 또래 관계 안에서 자신이 오해받지 않도록 돕기 위한 조언으로 받아들이게 돕습니다. 이렇게 교사에 대한 신뢰가 강화되면 또 다른 교사의 말도 학생에게 오해 없이 전달될 가능성이 커집니다.

❸ 원하는 대로 모둠 편성을 요구하는 학생

> "선생님, 저랑 희주랑 같이 앉으면 안 돼요?"
> "저는 주미랑 같은 모둠 하고 싶어요, 제발요."

현장 체험학습이나 특별활동을 앞두고 종종 이렇게 말이 나옵니다. 친한 친구와 함께하고 싶은 마음은 자연스러운 것이지만, 이런 요청을 몇 번 들어주기 시작하면 어느 순간 모둠활동이 '친한 친구끼리 모여서 노는 활동'처럼 흘러가게 됩니다. 그 틈에서 이름이 빠지면 선택받지 못했다고 느껴 상처받는 학생도 생기지요. 그래서 교사로서 중심을 잡고 학급 전체를 고려한 모둠 편성을 운영하는 것이 무엇보다 중요합니다.

◆ 무심코 쓰기 쉬운 말

다수의 학생이 원하는 대로 해 준다고 해서 크게 문제 될까 싶지만, 10명 중 1명만이라도 상처받고 위축된다면 안전한 결정이 아닙니다. 개인의 바람을 들어주는 순간, 공동체의 균형은 쉽게 무너집니다.

반대로 '절대 안 된다. 선생님이 시키는 대로 해라'와 같은 통제적 지시 또한 학생들의 마음에 닿기 어렵습니다. 오히려 '선생님이 우리 마음을 무시한다'고 생각하여 반발심을 키우고 교사를 적대적인 존재로 인식하게 만듭니다. 어느 쪽이든 교사가 신뢰를 잃는 순간, 공동체와 공동체 의식에 대한 모든 가르침은 공허하게 들릴 뿐입니다.

◆ 교사의 단호한 말

"우리 반에서 상처받는 친구가 없었으면 좋겠어."
"4명이 한 모둠이어야 하는데, 나랑 친한 친구가 5명이라면? 3명이 친하면 버스에서는 누구와 앉아야 할지 고민한 적 없어? 내가 빠지지는 않을까 걱정해 본 적 없니?"

첫 번째 말은 당연한 말처럼 들리지만, 교사가 학생의 요구를 그대로 들어줄 수 없는 이유와 교육적 철학이 담겨 있습니다. 모둠 편성을 마음대로 허용하지 않는 이유는, 일부 학생이 상처받지 않도록 하고 학급 전체의 분위기와 학습 경험을 풍성하게 하기 위함입니다.

학생들은 교사의 입장이 되어 본 적이 없으므로 이런 결정을 바로 이해하기 어렵습니다. 하지만 교사가 자신의 지도를 '모든 학생을 지키기 위한 선택'으로 설명하면, 학생들은 교사의 의도를 받아들이고 오히려 더 안정된 마음으로 모둠활동에 참여하게 됩니다.

두 번째 말은 다소 추상적이었던 첫 번째 말을 구체적인 상황으로 설명하여 학생들의 마음을 단번에 붙잡습니다. 학생들은 교사의 예시를 통해 각자 친구 중 누군가 소외되거나 혼자가 되는 상황을 떠올리고 저절로 속상한 상황에 공감하게 됩니다. 미처 생각하지 못했던 부분을 새롭게 깨닫는 순간, 학생들은 '선생님이 우리 모두를 생각하고 계셨구나'라는 신뢰를 느끼게 됩니다.

◆ 교사의 따뜻한 말

"아무도 상처받지 않고 모두가 좋은 방법 있으면 알려 줄래?"

이 질문에 학생들은 한참을 고민하다가 먼저 무작위로 모둠을 정하고 싶다고 답했습니다. 이전에 원하는 대로 모둠을 짰을 때 생겼던 미묘한 갈등 상황을 앞다투어 이야기하며, 결국 '선생님이 정해 주시는 게 낫겠다'고 입을 모았습니다. 학생들의 마음속에도 언젠가 자신이 소외될 수 있다는 두려움이 자리하고 있었던 것입니다.

공감에서 출발한 교사의 메시지는 학생들이 상황을 자연스럽게 받아들이도록 돕고, 요구가 점차 잦아들면서 모둠활동에 대한 이해와 신뢰가 형성됩니다.

❹ 과장된 행동으로 친구들의 관심을 끌려는 학생

> "저거 사기 아니에요?"
> "아니, 이거 진짜 제가 맞아요! 야, 이거 좀 봐."
> "와, 진짜 말도 안 돼. 억까 아니야?"

어떤 학생은 친구들의 시선을 끌기 위해 과장된 말과 행동을 하는 경우가 있습니다. 친구들의 반응에 따라 과장이 점점 더 심해지기도 합니다. 이는 단순한 장난이 아니라, 자신의 존재를 확인하고 또래의 관심을 받고자 하는 욕구에서 비롯된 행동입니다. 심리학적으로 볼 때, 자기존중감이 충분히 형성되지 않았거나 교실 공동체에서 소속감을 확인하려는 과정으로 이해할 수 있습니다.

이런 학생을 지도할 때 중요한 것은, 먼저 행동의 의도를 파악하되, 그것이 수업과 친구들을 방해하고 있음을 직시하게 하는 것입니다. 잘못된 방식으로는 결코 원하는 인정을 받을 수 없다는 사실을 알아야, 과시가 아닌 협력을 통해 공동체 안에서 자신의 자리를 찾게 됩니다.

◆ 교사의 단호한 말

학생 개인을 향한 지도

"학생은 학교에 배우러 오는 거고, 교실은 배우는 공간이야."

교실의 본질을 짚어 주는 이 한마디는 학생이 스스로 자신의 행동을 돌아보게 만드는 힘이 있습니다. 학생은 '내가 재밌게 얘기하니까 선생님이랑 친구들이 그냥 넘어갔으니 다음에 또 해도 되겠지'라고 생각하기 쉽습니다. 따라서 교사는 단호하게 교실의 존재 목적을 상기시키며, 이곳이 배우는 공간임을 인식시키는 것만으로도 학생의 행동을 충분히 개선할 수 있습니다. 이는 교사의 지도가 감정적인 제지가 아니라, 공동체의 학습 목표를 지키는 행위임을 전달합니다.

학급 전체를 향한 지도

"웃는다는 건 동의한다는 의미야. 계속 해도 된다는 뜻으로 받아들일 수 있어."

한 학생의 과장된 말과 행동에 친구들이 웃거나 동조하면, 그 학생은 자신이 주목받고 있다고 느껴 같은 행동을 반복합니다. 교사는 이것이 잘못되었음을 다른 학생들에게 명확히 안내합니다. 무심코 한 반응이 잘못된 행동을 강화할 수 있다는 위험성을 이해시키고, 해당 학생이 스스로 자기 행동을 통제할 수 있도록 돕는 것이지요.

이 말은 개인을 공격하는 것이 아니라, 교실 전체의 질서와 학습 환경을 지키기 위한 기준을 알려 주는 것입니다. 학생들은 교사의 안내를 통해, 수업 중 방해가 되는 행동에 신중히 반응해야 한다는 점을 깨닫게 되고, 학생 역시 주목받는 느낌이 줄어들면서 자신의 행동을 조절하게 됩니다.

❺ 냉소적인 분위기를 만들고 동조하는 학생

[문제 상황]

동아리 시간에 동아리장이 준비한 '교실 피구'를 하는 상황

"재미없어."

"아, 지루하다."

"가가볼하는 게 낫겠다."

"이게 뭐냐."

활동이 시작되기도 전에 교실 곳곳에서 불만 섞인 목소리가 들려옵니다. 처음에는 몇 명의 목소리였지만, 곧 여러 학생이 따라 하며 같은 말을 반복합니다. 힘 있는 몇 명의 학생이 던진 말이 교실 전체 분위기를 장악했고, 다른 학생들은 스스로 판단하거나 대안을 내기보다 그 분위기에 편승했습니다.

이는 '부정적 동조 현상'으로 개인의 진심보다는 '친구들에게 내가 어떻게 보일지'를 우선시하기 때문에 발생하는 문제입니다. 이때 교사는 학생들이 또래의 눈치에서 벗어나 자신의 행동에 책임감을 느낄 수 있도록 개입해야 합니다.

◆ 무심코 쓰기 쉬운 말

①"재미없어? 그럼 뭐할까?"
②"이 활동을 해야 하는 이유는 말이야…."
③"너 때문에 분위기가 이게 뭐야."
④"조용히 해. 아무 말 하지 마."

①의 질문은 학생들의 마음에 공감하는 듯 보이지만, 이 말은 수업의 주도권이 불만을 제기한 학생에게 넘어간 것이나 마찬가지입니다. 특히 목소리 큰 학생의 의견에 교사가 동조한 것으로 받아들여지면, 앞으로도 해당 학생의 영향력은 강화되고 교사의 지도력은 약화됩니다. 그때부터 수업 시간은 '불만 제기 → 방향 변경'이라는 법칙이 작동하는 시간으로 인식되지요. 결국 문제행동을 잠재우는 대신 불평과 수업 거부가 반복·심화되는 결과로 이어집니다.

②처럼 지나치게 긴 설명은 생각보다 큰 효과를 내지 못합니다. 교사의 의도와 달리 설명이 길어지면 잔소리처럼 들리기 쉽고, 학생들이 한 귀로 듣고 한 귀로 흘려 버리는 경우가 많기 때문입니다. 문제 상황을 짚어 줄 땐 짧고 단호한 한 문장이 훨씬 강력합니다.

③처럼 특정 학생을 지적하면, 곧바로 "왜 저한테만 그래요?"라고 반발하면서 책임을 서로 떠넘기는 분위기가

형성될 수 있습니다. 이 과정에서 교사는 '불공평한 선생님'이라는 인식에 갇히고, 다른 학생들 사이에서는 눈빛을 주고받거나 뒷담화가 오가는 등 보이지 않는 결속이 생기기도 합니다. 결과적으로 교사의 지도는 힘을 잃고, 문제행동은 더 은밀하고 교묘한 방식으로 이어지며 교사의 영향력 약화로 연결될 가능성이 커집니다.

④와 같이 학생들의 말을 막아 버리면 문제행동의 원인을 파악할 수 없습니다. 학생들은 불만을 속으로 쌓게 되고, 결국 다른 상황에서 언제든 같은 문제가 발생할 위험이 높아집니다. 장기적으로는 활동 참여 의욕과 학습 태도 저하로 이어질 수 있습니다.

◆ 교사의 단호한 말

① "공 줘. 바르게 앉아. 손들고 말하자."
② "불만이 뭐야?"
③ "동아리장은 우리의 즐거운 시간을 위해 준비물까지 챙겨가며 고민해 준비해 왔어. 너희는 어떤 노력을 했니?"
④ "가가볼이 아니면 다 재미없다는 태도로는 뭘 해도 마찬가지야. 선생님이 준비한 활동을 할래? 동아리장이 준비한 활동을 열심히 할래?"

①부터 ④의 말은 단계적으로 진행되는 말입니다. ①은 상

황 통제 목적의 말입니다. 교실에서 그냥 넘어갈 수 없는 행동이 나타났다면, 교사는 단호하게 수업을 중단하고 흐트러진 질서를 바로잡아야 합니다. 지금의 태도로는 수업을 이어 갈 수 없음을 분명히 알리고, 서열이 높은 몇 명이 장악하던 교실 분위기를 재정비하는 기회로 삼아야 합니다.

②는 학생의 불만을 공식화하는 말입니다. 학생들이 차분히 교사의 이야기를 들을 준비가 되면, 무책임하게 표현했던 불만을 공식적인 발화 절차 속으로 끌어냅니다. 손을 들고 발언권을 얻어 이야기하도록 했을 때, 발언하는 학생이 없다면 이전의 불만은 진지한 문제 제기라기보다 단순히 분위기에 편승한 동조적 행동이었음을 학생들 스스로 느낄 수 있습니다.

③은 책임에 대한 학생들의 개념을 재구조화하는 말입니다. 수업 내용을 평가하듯 바라보는 태도로는 적극적인 수업 참여가 어렵습니다. 수업은 결국 함께 만들어 가는 공동의 과정이라는 점을 학생들에게 안내해야 합니다. 교사는 이 질문을 통해 학생들을 '평가자'의 자리에서 '공동체의 구성원'의 자리로 이동시킵니다. 이는 "나도 이 수업에 책임이 있다"는 생각을 갖게 만드는 장치이기도 합니다. 이러한 관점 전환은 타인의 준비와 노력을 가볍게 소모하지 않고, 수업에 참여할 이유와 태도를 스스로 점검하게 하는

힘이 됩니다.

④는 책임감 있는 선택으로 유도하는 말입니다. 선생님이 준비한 활동을 할지, 동아리장이 준비한 활동에 참여할지 학생들이 선택하도록 안내합니다. 명확한 선택지를 주고 스스로 선택하게 하면 수업에 책임감을 느끼며 참여할 수 있습니다. 이로써 교사는 행동을 수정할 기회를 제공합니다.

◆ 교사의 따뜻한 말

> "재미있게 잘했니? 열심히 하니 점점 재미있어지지? 오늘 활동을 준비하고 진행한 동아리장에게 박수!"

변화를 보여 준 학생들과 끝까지 책임감 있게 역할을 해낸 동아리장, 모두를 격려하는 따뜻한 말로 수업을 마무리합니다. 학생들은 이 경험을 통해, 자신의 마음가짐에 따라 같은 활동도 전혀 다르게 느껴질 수 있다는 사실을 다시 한번 깨닫습니다. 아울러 우리 교실에서는 힘이 센 몇몇이 아니라, 열심히 준비하고 노력하며 함께 배우려는 모든 친구가 존중받아야 한다는 기준 역시 분명해집니다. 노력과 책임이 존중받는 문화가 자리 잡을 때, 교실은 서로를 존중하며 함께 성장하는 진짜 공동체가 됩니다.

⑥ 승부욕이 강한 학생

> "아, 제대로 좀 하라고. 똑바로 안 하냐?"
> "이 경기 지면 다 너 때문이야!"
> "아, 답답해. 그게 안 되냐?"

체육 시간에 유독 과한 승부욕을 보이는 학생이 있습니다. 이런 학생은 운동능력의 차이에 민감하게 반응하며, 자신보다 약하거나 기술이 부족한 친구에게 공격적으로 행동하곤 합니다. 이러한 행동은 단순한 경쟁심의 표현이 아니라, 서열 중심의 비교에서 자신의 위치를 확인하고자 하는 심리적 표현이기도 합니다.

이때 교사는 학생의 행동을 제지하는 동시에 그 에너지를 건강하게 발휘할 방법을 안내하는 것이 좋습니다. 학생이 타인을 깎지 않고도 자신의 존재감을 드러낼 수 있다는 경험을 반복하면, 공격적 행동은 줄고, 책임 있는 행동과 긍정적 경쟁심이 자리 잡습니다.

◆ 무심코 쓰기 쉬운 말

"답답하긴 뭐가 답답해! 친구를 이해해 줘야지!"
"넌 왜 매번 이기려고만 하니?"

운동능력이 뛰어난 학생이 실력이 부족한 친구를 보며 답답함을 느끼는 것은 자연스러운 감정일 수 있습니다. 그러나 교사가 이 감정을 충분히 다루지 않은 채, '그런 감정을 가지는 것 자체가 잘못'이라는 메시지를 전하면 학생은 억울해하거나 교사에게 반감을 느끼기 쉽습니다. 자기 감정을 인정받지 못한 학생은 자신의 감정을 정당화하기 위해 더 공격적인 태도를 강화할 수 있습니다.

◆ 교사의 단호한 말

"실수는 누구나 해. 그 실수를 어떻게 대하느냐에 따라 팀의 성패가 갈리는 거야."

서열을 의식하는 학생은 다른 친구의 실수를 자신의 우위를 드러낼 기회로 해석합니다. 먼저 실수가 자연스럽고 누구에게나 일어날 수 있다는 점을 분명히 짚어, 그것에 두려움이나 부끄러움을 느낄 필요가 없음을 알려 줍니다. 그다음 관점을 바꾸도록 안내합니다. 방금 일어난 일이 개인의 실수가 아니라 팀 전체의 문제로 바라보도록 유도하는 것이지요. 격려와 포용 속에서 실수를 성장의 기회로 삼는 팀이 될 것인지, 비난과 서열 다툼으로 무너지는 팀이 될 것인지 생각하게 합니다. 이 과정을 통해 학생은 리더십의 진정한 의미를 배우게 됩니다. 어떻게 보면 당연한 내용이지만, 이제 자라는 학생들은 성인들이 아는 당연한 내용도 교사가 지도하기 전까지는 모르는 경우가 많습니다. 이런 지도를 통해 학생은 스포츠 경기뿐만 아니라 수많은 경쟁이 단순히 승부 가르기가 아니라 협력과 배려를 바탕으로 한 팀 전체의 성과와 만족이라는 것을 깨닫게 됩니다.

학생에게 좀 더 단호하게 지도하고 싶다면 '타임아웃'을 활용할 수 있습니다. 즉 일정 시간 동안 경기에서 빠지는 것이지요. 잘못된 행동이 참여 제한으로 이어진다는 명확한 인과관계를 보여 주면, 학생은 자신이 공동체에서 지켜야 할 규칙과 자신의 책임을 분명하게 인식합니다. 이때 중요한 것은 누구에게나 공정하고 일관된 기준을 적용하는 것입니다.

◆ 교사의 따뜻한 말

"너 잘하는 거 알아. 주장 역할 잘할 수 있지? 믿는다."

특히 서열에 민감한 학생일수록 '내가 괜찮은 사람'이라는 확신이 필요합니다. 이렇게 인정받으면 굳이 타인을 깎아 내리며 자신을 드러낼 이유가 줄어듭니다.

인정은 자존감의 토대가 되고, 그 위에서 타인을 향한 포용과 협력의 태도를 배울 수 있습니다. 이어서 교사가 기대하는 행동을 구체적으로 제시하고 지켜보겠다고 하면, 학생은 긍정적 긴장감을 경험합니다. '선생님이 나를 믿고 있다'라는 확신 속에서 스스로 더 좋은 모습을 보여 주고, 책임 있는 행동을 실천하려는 것입니다.

❼ 자기 일을 친구에게 시키는 학생

> **"우주야, 이리 와 봐. 이거 어떻게 푸는지 알려 줘."**
> **"주영아, 나 사물함에서 교과서 좀 갖다줘."**
> **"민주야, 필통 좀 들어 줘."**

어떤 학생은 자신이 충분히 수행할 수 있는 일임에도, 사소한 부탁을 반복하며 친구에게 일을 떠넘깁니다. 얼핏 보면 친구끼리 흔히 할 수 있는 도움 요청처럼 보이지만, 타인의 시간과 수고를 자신의 편의를 위해 사용하는 방식이 습관화될 경우, 관계는 서서히 균형을 잃게 됩니다. 이러한 관계의 불균형은 또래 사이에서 보이지 않는 힘의 차이를 만들어 내며, 결국 해당 학생이 관계 속에서 우위를 점하는 결과로 이어질 수 있습니다.

◆ 교사의 단호한 말

학생 개인을 향한 지도

"네 일은 네가 해. 이건 부탁이 아니고 심부름이야. 우리 반에선 모두 스스로 하는 거야."

요구하는 사람과 들어주는 사람이 고정되면, 그 순간부터는 더 이상 '부탁'이 아니라 '심부름'이 됩니다. 이는 동등한 친구 사이에 보이지 않는 불편함과 거리감을 만들고, 학급 내 서열을 강화할 위험이 있습니다. 따라서 교사는 관계의 균형이 무너지는 지점을 분명히 짚으며 개입할 필요가 있습니다.

학교는 단순히 지식을 배우는 곳을 넘어, 친구와의 관계 속에서 자신의 행동에 책임지는 법을 연습하는 사회적 학습의 장입니다. 교사가 기준을 제시하면 학생은 스스로 해야 할 일과 도움을 요청해도 되는 일을 구분하며, 자신의 부탁이 누군가에게 부담이나 의무로 변하지 않도록 관계를 다루는 태도를 배우게 됩니다. 명확한 규범은 학급의 문화가 '서열'이 아닌 '존중과 책임' 위에 세워지도록 돕습니다.

학급 전체를 향한 지도

"친구가 해 달라고 해도 거부할 수 있는 거야. 자기 생각과 선택이 먼저야."

부탁하는 학생만 지도하고 부탁을 들어주는 친구들은 그대로 두면 어느새 비슷한 상황이 또 발생합니다. 교사는 양쪽 모두에 명확한 기준을 제시하여 학급 전체가 함께 규범 속에서 행동하도록 이끌어야 합니다.

부탁을 받는 학생에게도 '내 선택이 먼저다'라는 사실을 알려 주는 것이 중요합니다. 원치 않는 일은 거절해도 안전하다는 경험을 반복하며 배워야 합니다. 이런 경험 속에서 자신의 감정과 선택을 보호하는 법을 익히고, 또래 관계 속에서 자기를 주장하는 사회적 역량도 자연스럽게 발달할 수 있습니다.

또래의 영향력에 쉽게 흔들리는 학생일수록, 교사의 명확한 기준은 자신을 지키는 안전망이 됩니다. 교사가 '이 행동은 우리 반에서 받아들일 수 없어'라고 분명히 말하면, 학생은 반복되는 부탁에도 자기 선택을 존중하게 됩니다.

❽ 해야 할 말을 하지 않는 학생

> (교사의 과제 안내를 제대로 기억하지 못하는 친구들 앞에서)
> **"저는 해야 하는 건 줄은 알았는데, 애들이 안 해서 그냥 기다리고 있었어요."**

모둠활동 중에 생긴 일입니다. 1차시에 학생들이 문제를 출제해야만 2차시 놀이 활동에 참여할 수 있는 상황이었는데, 한 모둠만 기한 내 과제를 완수하지 못한 것입니다. 설명을 잘못 들었거나 이해하지 못한 학생도 있었지만, 정확하게 알면서도 침묵한 학생이 있었습니다. 이 사례는 '필요한 말을 하지 않는 침묵'이 개인의 학습 기회 상실은 물론, 모둠활동의 공동 책임과 평가에까지 부정적인 영향을 미칠 수 있음을 명확히 보여 줍니다.

◆ 교사의 단호한 말

> "네가 알고 있는 것을 말하지 않으면 듣지 않은 친구와 다를 게 없어."

여기 해당하는 학생은 평소 모범생에 가깝지만, 모둠활동에서는 '내가 굳이 나서지 않아도 되겠지' 하며 자신의 역할을 축소합니다. 즐거운 분위기를 깨고 싶지 않은 부담감, 또는 친구들과의 관계가 틀어질까 두려운 마음이 깔려 있기 때문입니다.

이럴 때는 모둠 안에서 자신의 책임과 역할을 분명히 인식하도록 단호하게 짚어 줄 필요가 있습니다. 책임을 피한다고 해서 결과까지 피할 수는 없으며, 알고도 말하지 않은 선택은 결국 함께 감당해야 할 불이익으로 돌아온다는 사실을 알려 주는 것이지요. 이 과정에서 해당 학생은 친구들과의 관계를 지키려 한 행동이 오히려 모두의 기회를 빼앗은 결과가 되었음을 깨닫게 됩니다. 단호한 말은 이렇게 학생이 공동체 속에서 자신의 역할과 책임을 바라보게 만드는 계기가 됩니다.

◆ 교사의 따뜻한 말

"친구들이 불편해할까 봐 걱정했던 행동이 사실은 친구들을 돕는 행동일 수 있어. 앞으로 네가 알고 있는 걸 친구들에게 전해 줄 수 있겠니?"

단호한 말 뒤에 이렇게 따뜻함을 더하면 지도의 효과가 배가 됩니다. '네가 말하지 않아서 문제가 생겼다'는 비난이 아니라, '너의 말 한마디가 모둠에 꼭 필요하다'는 신뢰를 전하는 것이 중요합니다. 해당 학생의 경우, 친구들과의 관계에서 느낀 부담감 때문에 행동을 주저했는데, '부담'을 '도움'으로 이해시키자 겉으로 드러난 행동보다 훨씬 깊이 받아들였습니다.

일련의 지도 이후, 학생은 자신의 말이 잠시 분위기를 깨뜨릴 수 있다는 걱정에서 벗어나, 더 장기적인 시선으로 상황을 바라보게 되었습니다. 자기 말이 오히려 도움이 된다는 점을 깨닫고 교실의 작은 리더로 성장할 수 있었습니다.

그러나 개별 학생의 변화가 지속되려면, 학급 전체가 공유하는 문화로 자리 잡아야 합니다. 학급 전체가 "친구가 선생님의 말씀을 전해 주는 것은 우리 모두를 돕는 행동이다"라는 인식을 공유해야, 또래 시선 때문에 주저하지 않고 자기 의견을 낼 수 있습니다.

고학년이 될수록 이전 학년에서 겪은 부정적 경험 때문에 자기 생각을 말하기조차 어려워하는 학생들이 있으니, 교사는 작은 긍정적 행동 하나도 놓치지 않고 즉시 주목하고 칭찬해야 합니다. 모둠활동 중 친구를 돕거나 중론과 다르더라도 올바른 의견을 제시하는 순간에 주목하면, 학생들은 교사의 시선뿐 아니라 "네가 말해 줘서 우리 모두에게 도움이 됐어"라는 또래의 인정도 경험하게 됩니다. 이러한 또래의 긍정적 인정은, 교사의 칭찬만으로는 전달되기 어려운 신뢰와 동기를 전달합니다.

이런 경험이 반복될수록, 학생들은 친구의 말을 불편하게 여기지 않고, 협력과 책임의 가치를 몸으로 배우며 학급 전체가 건강하게 선순환하는 문화를 만들어 갑니다. 이런 작은 리더들이 생길 때 교사의 부담은 줄고, 학급의 긍정적인 에너지는 배가 됩니다. 이처럼 교실의 선순환을 만드는 리더는 단호한 경계, 명확한 목표, 그리고 작은 행동 하나까지 세심히 챙기는 교사의 인정과 격려가 어우러질 때 탄생한다는 점을 기억하세요.

⑨ 힘든 상황을 조용히 참는 학생

> **"말해 봤자 상황만 나빠질 것 같아서요."**
> **"분위기를 망치고 싶지 않아서요."**

교실에는 갈등 상황에서 자기 목소리를 내기보다 조용히 참는 것을 택하는 학생이 있습니다. 특히 문제행동을 자주 일으키는 학생과 지속적으로 갈등을 겪는 학생에게 이런 현상이 두드러집니다. 겉으로는 괜찮다고 하지만, 여러 차례 비슷한 갈등이 반복된 경우라면 마음의 상처가 가득한 경우가 많지요. 이때 교사가 학생의 침묵을 상황이 해결된 상태라고 이해하면, 학생은 학교에서 보호받지 못한다는 무력감을 느끼고 이후 학부모를 통한 민원으로 번지기도 합니다.

◆ 무심코 쓰기 쉬운 말

> "걘 원래 그래. 네가 참아."
> "어쩔 수 없으니 네가 이해해야지."

이 말은 학생에게 감정을 표현하지 말라는 메시지로 작용할 수 있어 주의해야 합니다. 상황을 일시적으로 모면할 수 있지만, 결국 문제는 해결되지 않고 악감정만 더 쌓이는 결과를 낳습니다. 학생은 '나는 늘 참아야 하는 사람이야'와 같은 잘못된 인식을 갖기 쉽고, 자신감이나 자기 주장 능력 역시 약화될 수 있습니다.

반대로, 학생이 겪은 상황을 구체적으로 확인하고, 단호하게 문제를 짚으면서도 학생의 감정을 수용한다면 학생이 자신의 마음을 솔직하게 표현하기 시작합니다. 개인마다 마음을 여는 속도가 다를지라도, 학생이 스스로 상황을 개선하고 조정할 수 있는 방향으로 이끌어 주는 것이 중요합니다. 이로써 학생은 자신의 권리와 감정을 지키면서 문제를 해결하는 법을 배울 수 있습니다.

◆ 교사의 단호한 말

"말하지 않으면 아무것도 바뀌지 않아. 네 불편한 마음을 표현해야 해."

그동안 참아 왔던 마음을 교사가 포착하고 단호하게 짚어 주면, 학생은 조금씩 자신의 감정을 꺼내며 힘든 상황을 무시하거나 참는 습관에서 벗어나, 자신의 권리를 지키는 방향으로 행동을 전환하기 시작합니다.

학생들이 자신의 마음을 즉시 표현해야 하는 이유는 명확합니다. 첫째, 관계 회복의 기회 확보입니다. 즉시 이야기하면 상대방이 자신의 잘못을 인식하고 사과하거나 행동을 수정할 가능성이 높습니다. 반대로 시간이 한참 지나면 문제 상황에 대한 기억이 흐려지거나 자기에게 유리한 기억으로 왜곡될 수 있어, 정확한 문제 파악과 공정한 해결이 어려워집니다. 이는 관계 회복에도 장애가 됩니다.

둘째, 자기 권리 주장과 안전 도모입니다. 갈등 상황에서 자신의 감정을 바로 표현하지 않으면 부정적 감정이 쌓이고, 특정 상대에게 예민하게 반응하며 스스로 위축될 수 있습니다. 자신의 감정을 표현하고 문제를 알리는 것은 '나를 지키는 행동'을 배우는 과정이기도 합니다.

셋째, 문제 상황의 확산 방지입니다. 상대방에게 직접 말하기가 어렵다면, 교사에게 즉시 상황을 알리는 것이 중요합니다. 교사는 초기 개입을 통해 갈등이 확대되거나 다른 친구들에게 영향을 미치는 것을 막고 규칙과 책임을 명확히 안내할 수 있습니다.

◆ 교사의 따뜻한 말

"선생님은 네가 힘들지 않았으면 좋겠어. 직접 말하기 어려우면 선생님한테라도 얘기해 줘. 우리 함께 연습해 보자."

단호한 지도 끝에 교사의 걱정과 관심을 전하면, '지금부터라도 내 마음을 조금씩 표현해 보자'라는 용기를 얻을 수 있습니다. 참아 온 마음을 단번에 드러내는 것은 쉽지 않기에, 학생이 안전하게 감정을 꺼낼 '중간 단계'가 되어주는 것이 교사의 역할입니다. 이러한 안전한 환경에서 학생이 '참지 않아도 된다'는 경험을 쌓고, 스스로 문제를 말하고 해결하는 힘을 기를 수 있습니다.

⑩ 학기 말에 태도가 흐트러지는 학생

> "이제 곧 끝이잖아요."
> "중학교 가면 이런 거 못 한다니까 지금은 좀 봐줘요."

6학년의 학기 말은 다른 어느 시기보다 쉽게 흔들립니다. 중학교 진학을 앞둔 전환기 특성상 '지금이 마지막 자유'라는 또래 분위기가 강해지기 때문입니다. 곧 헤어질 교사의 영향력은 약해지고, 중학교에 가서도 관계를 이어 갈 친구들의 시선에 더 크게 반응하며 교실 질서가 흐트러지기 쉽습니다. 여기에 자아효능감을 과시하려는 욕구, 새로운 환경에 대한 불안으로 인해 학생들은 더욱 흔들리게 됩니다.

◆ 무심코 쓰기 쉬운 말

교사가 학기 초와 동일한 수준의 일방적 통제만 고수하면, 오히려 학생들의 반발심이 커집니다. 이 시기는 학생들에게 특별한 의미가 있습니다. 중학교에 가면 더 이상 할 수 없는 일을 경험하고 싶고, 초등학교 마지막 순간을 스스로 의미 있게 만들고자 하는 시기이기 때문입니다. 이러한 맥락을 고려하지 않고 규칙만 강조하면, 학생들은 '선생님이 우리를 이해하지 못한다'고 느끼며 대화 자체가 단절됩니다. 엄격한 통제에만 의존한 지도는 교사의 영향력 약화, 즉 교사 레임덕을 촉발하며 규칙 준수 동기를 한없이 약화시킵니다.

◆ 교사의 단호한 말

"끝인상을 어떻게 남기고 싶니? 그런 인상을 남기려면 어떻게 해야 할까?"
"쉬는 시간에 뛰는 친구들이 보여. 쉬는 시간 규칙을 잘 지키자."

졸업을 앞둔 시기일수록, 교사는 허용될 수 없는 행동의 기준을 분명히 제시해야 합니다. 이는 학생들의 마지막 시간을 통제하기 위함이 아니라, 끝까지 품위와 책임을 지키며 마무리하도록 돕기 위한 안내이기 때문입니다.

효과적인 방법은 학기 초부터 강조해 온 우리 반의 규칙과 루틴을 다시 상기시키고, 현재 교실에서 가장 부족한 점을 구체적인 언어로 안내하는 것입니다. 이때 안내에서 그치지 않고 실제 규칙을 잘 지키고 있는지 관찰한 뒤 피드백해야 합니다.

◆ 교사의 따뜻한 말

"칭찬만 하기에도 부족한 시간이야."

흔들리지 않는 교사의 따뜻한 시선이 느껴지는 이 발화는 2가지 의미를 담고 있습니다. 첫째, 시간의 가치를 일깨웁니다. '이제 곧 끝이니 대충 하자'는 학생의 느슨한 태도에, 교사는 '마지막이니 더욱 가치 있어야 한다'고 선을 긋는 것이지요. 남은 시간을 바라보는 관점이 달라질 때 학생의 행동도 달라집니다.

둘째, 학생을 향한 전략적 신뢰를 보여 줍니다. 학생은 자신을 칭찬해 주고 싶어 하는 교사의 기대와 자신의 흐트러진 행동을 대비하며 부끄러움을 느낍니다. 이미 바람직한 행동의 경계를 잘 알고 있는 아이들에게, 자신의 행동이 교사의 기대를 저버리는 일임을 깨닫게 하여 내면의 양심을 건드리는 것입니다. 이는 어떤 통제보다 훨씬 강력하게 스스로 행동을 수정하도록 이끕니다.

결국 교사의 지도가 단순한 통제가 아닌 '기대와 관심'으로 전달될 때, 학생들은 자발적으로 움직입니다. 또래 분위기에 휩쓸리는 것이 아니라, 마지막까지 아름다운 모습을 완성하고 싶다는 주체적 의지로 더 나은 행동을 선택하게 되는 것입니다.

더 알아보기 안정적인 학기 말을 위한 지도 전략

학기 말에도 교사가 학급의 주도권을 유지하며 교실을 운영할 수 있는 몇 가지 전략을 소개합니다.

■ 루틴과 시스템 활용

학기 초부터 강조해 온 우리 반의 규칙과 하루 루틴을 학기 말에도 변함없이 적용합니다. 일관된 시스템은 들뜬 학기 말 분위기를 가라앉히는 바탕이 되며, 교실 운영의 기준을 분명히 합니다.

■ 세심한 관찰과 피드백

학생들의 말과 행동을 주의 깊게 관찰하고, 규칙에서 벗어나는 순간 즉시 피드백합니다. 즉각적 피드백은 행동이 반복되는 것을 방지하고, 학생이 스스로 기준을 재인식하도록 돕습니다. 다수의 학생이 규칙을 벗어나면 이번 주 생활 목표를 제시, 함께 점검하고 개선 방향을 공유하는 방향으로 이끌 수 있습니다.

■ 빈틈없는 학교생활

학생들의 태도가 느슨해질 틈을 줄이기 위해 다양한 활동과 프로그램을 계획합니다. 이런 활동은 단순한 재미를 넘어, 학급 분위기를 따뜻하게 만들고 소속감을 강화하며, 끝까지 집중할 수 있는 환경을 제공합니다.

① 준비기간이 필요한 학년 프로그램: 학급 대항 배구대회, 공기대회, 바자회 등
② 교육과정 연계 학생 활동 프로젝트: 뜨개질, 바느질, 영상 제작 등
③ 의미 있는 마무리 활동: 칭찬 릴레이, 롤링 페이퍼, 졸업 기념 문집 등

■ 단호함과 관용의 균형

학기 말은 단호함은 끝까지 유지하되 상황에 따라 적절한 유연성을 보여 주는 '밀당 전략'이 필요합니다. 이러한 접근은 학생들에게 '선생님은 나를 이해하고 있지만, 규칙과 기준은 여전히 중요해'라는 메시지를 전달합니다.

① 바른 글씨 쓰기 미션 결과가 우수한 학생은 아침 활동 면제, 자유 활동 허락
② 과제 기한은 반드시 지키되, 어떤 과제를 수행할지 선택권 부여

나가며

신규 교사로 첫 담임교사를 할 때였습니다. 저는 학생들과 가까워지면 교사로서의 역할 수행이 어려워지고, 학급의 안정을 해칠 것이라는 막연한 생각에 사로잡혀 있었습니다. 불안한 마음에 제대로 된 기준과 원칙을 세우기도 전에, 그저 학생들을 강하게 통제하려고만 했습니다.

제 지도에 잘 따르는 학생들이 기특하고 고마우면서도, 매년 학기 말이 되어 학생들과 헤어질 때면 '왜 내 마음을 표현하는 데 이렇게 인색했을까' 하는 후회가 밀려왔습니다. 학생들과 심리적 거리를 좁히는 '적당한 선'을 찾는 일이, 제게 참 어려운 숙제였습니다.

학생들을 무섭게 다그치거나 차갑게 대해서 멀리 밀어내는 것이 단호한 지도가 아닙니다. 이는 학생의 성장을 이끌지 못할뿐더러 교사도 고립시킵니다. 그렇게 10년이 넘게 초등 고학년 학생들을 만나면서 마침내 저만의 학급 운영 황금 레시피를 찾았습니다. 단호한 지도에 따뜻함까지 한 스푼 얹으니 학생들은 단호함 이면에 있는 교사의 관심과 애정을 알아차렸습니다. 학생들과의 관계에 신뢰가 쌓였고, 학기 말이 될수록 학생들이 더욱 안정적으로 발전하는 모습을 보았습니다.

지금의 학교 현장은 더욱 어렵고 복잡합니다. '6학년은 원래 말 안 듣는 거 아니냐, 6학년 담임이면 그냥 참아야 하는 거 아니냐'고 묻는 동 학년 후배 교사의 말에 평범한 제 고민과 시행착오가 누군가에게는 하나의 해결책이 될 수 있겠다는 생각이 들었습니다. 이 책에는 제가 직접 부딪히며 알게 된 구체적인 교실 이야기를 담았습니다. 부디 제가 소개하는 다양한 지도법이 선생님들의 교직 생활에서 불필요한 시행착오와 감정 소모를 줄이는 데 실질적인 도움이 되기를 바랍니다.

마지막으로 교실에서 묵묵히 학생들과 씨름하며 우리 교육의 근간을 지탱하고 계시는 모든 선생님께 깊은 존경과 감사의 마음을 전합니다. 선생님들의 헌신과 열정이야말로 학생들의 미래를 밝히는 가장 큰 힘이라고 믿습니다. 학생들과 함께 성장하며, 매일 더 행복한 교실을 만들어 갈 선생님을 응원합니다.

교사의 단호한 말하기

1판 1쇄 발행 2026년 3월 6일

지은이 정지인
펴낸이 한기호
책임편집 송원빈
편집 서정원, 박예슬, 이선진
본부장 여문주
마케팅 윤병일, 신세빈
경영지원 김윤아
디자인 VUE
인쇄 예림인쇄

펴낸곳 (주)학교도서관저널
출판등록 제2009-000231호(2009년 10월 15일)
주소 | 04029 서울시 마포구 동교로 12안길 14(서교동) 삼성빌딩 A동 3층
전화 | 02-322-9677
팩스 | 02-6918-0818
전자우편 | slj9677@gmail.com
홈페이지 | www.slj.co.kr

ISBN 978-89-6915-203-9 03370